JN223319

学校に行けない子どもに
伝わる声がけ

不登校・引きこもり
カウンセラー
今野陽悦

WAVE出版

はじめに

「学校に行きたくない」
「ほっといてよ！」
「勉強や学校に、何の意味があるのかわからない」
「もう生きてる意味なんてない」

お子さんから突然、こんなふうに言われたら、どう思われますか？

この本を手に取ってくださっているということは、もう既にこういったことをお子さんは口にしているかもしれませんね。

お子さんのこのような言葉を聞くたび、あなたは「そんなこと言わないで」「ほっとけるわけないじゃない！」と返し、それに対してお子さんが反発し……の繰り返しで、堂々巡りになっていませんか？

もしくは、どう答えていいかわからずに、黙りこんでしまっていませんか？

そうした毎日を繰り返し、親子関係がぎくしゃくしてはいないでしょうか？

ご挨拶が遅くなりました。不登校・引きこもりの問題を専門にカウンセラーとして活動しております、今野《こんの》陽悦《ようえつ》と申します。

私は10代の頃、不登校・引きこもり状態でした。親子共々希望がもてず、「絶望的」とすら感じる毎日でした。最初に挙げたセリフはすべて、当時私が両親にぶつけた言葉です。その後、人生を変えてくれた恩師と出会い、多くの方々のお力と愛情のおかげで問題を解決することができました。

そうした経験を活かして同じ問題に悩む方々の力になりたい、との思いからカウンセリングや心理学を学び、カウンセラーとしての活動をスタートさせました。以来20年ほどで直接的なカウンセリングから、ブログのような間接的なものまで含めて延べ2万人以上の事例に接し、解決策をお伝えしてきました。

不登校の子どもは年々増えており、文部科学省の発表では小中学生だけでも全国約34・6万人が不登校の状態にあるそうです（※1）。

多くの親御さんは、そんな我が子を心配し、その将来を憂いでいらっしゃいます。それだけお子さんに対する思いが強く、「しっかり育てたい」と考えているからなのでしょう。

なかには、「子どもが不登校になってしまったのは、自分のせいだ」「自分の育て方が悪かったからだ」と自己否定の念にかられてしまう方もたくさんいらっしゃいます。

そのような親御さんにはっきり言えることがあります。**「今がどんな状態にあっても、あなたは悪くありません」**ということです。**もちろん、お子さんが悪いわけでもありません。**

なぜなら、あなたはあなたでこれまで真剣にお子さんと日々向き合ってきていて、お子さんのほうも自分なりの不安やあせりをぶつけてきているだけだからです。

親御さんもお子さんも悪くないですし、親御さんには**「もっと自分自身を大切にしてほしい」**と思っています。実はそのことが不登校解決の大切なポイントなのです。

不登校解決の定義は人それぞれですが、私は**「お子さんが生きる力を取り戻し、これから社会で生きていく力を養っていくこと」**と考えています。そのために大切なポイントが３つあります。

１つ目は〝自分自身のありのままを受け容れる（自己受容）〟です（※２）。この自己受容を心理カウンセリングの世界で初めて公にしたのは、アメリカの心理学者であるカール・ロジャーズです。また、アルフレッド・アドラーやアルバート・エリスなどの世界的に著名な心理学者たちも自己受容の意味と大切さについて説いています。

子どもの問題と自分の問題を分けられず、自己否定でいっぱいになってしまっている親御さんにはぜひ学んでほしいです。

２つ目は〝お子さんのありのままを受け容れる（他者受容）〟です。学校に行けないお子さんの心の中は「こんな自分ではいけない」「学校に行けない自分はダメな人だ」と自己否定でいっぱいです。そんなお子さんのありのままを受け容れていただきたいのです。**自己受容が深まってくると他者受容も深まってきます。**ですので、１つ目の自己受容がとても大切になってきます。

３つ目は〝お子さんから精神的な自立をはかる〟です。お子さんのありのままを受け容れることと、わがままを認めることはまったく違います。そこをしっかりと線引きした上で、親が子どもに対して精神的に自立をすると、子どもも親から精神的な自立をしていきます。

私のカウンセリング経験からお伝えすると、不登校を解決していく過程には**「①不登校スタート期→②不登校本格期→③落ち着き期→④過去の清算期→⑤回復期」**というステップを経ている方が多いです。それぞれのステップにどれくらいの時間を要するのかは、お子さんによって異なりますし、過去の清算期がない、あるいは大人になってから突然あらわれる場合もあります。また、子どもの特性は〝集団タイプ〟〝個人タイプ〟という大きく2つのタイプに分けることができます。

こうしたお子さんのペースやタイプに合わせて接することも、解決へのポイントとなります。

具体的な方法については、序章で順を追ってご説明します。さらに詳しく知りたい方は前著の『学校に行けない子どもの気持ちがわかる本』も読んでみてください。

本書『学校に行けない子どもに伝わる声がけ』では、不登校のお子さんへどんな声がけをするのがおすすめか、どのような声がけがお子さんを受容することにつながるのか、なるべく具体的にまとめるようにしました。

不登校解決までのステップに沿って、その時期によく見られる親子のコミュニケーションを例に挙げながら、会話のポイントや親御さんの心構えなどについての解説も添えています。

各シチュエーションの4コママンガでご紹介している声がけの内容は、「こう言えたらいいですね」という理想像です。最初からこのような声がけはできなくて当然ですので、落ち込んだり慌てたりしないでくださいね。少しずつ親御さん自身のペースで自己受容しながら心を整えていくことで、自然とできるようになっていくものです。あせらなくて大丈夫です。ゆっくり理解しながら読み進めてください。ときには心の中の自分と会話しながら、ときには不安になってしまう自分をいたわりながら、徐々に気持ちをつくりあげていけるといいですね。

この本が、お子さんの不登校解決や親子関係改善のヒントとなれたら、また、あなたとお子さんがそれぞれ自分自身の人生をまっすぐ、希望をもって歩いていくための一助となれたら、これほど嬉しいことはありません。

それでは、心をこめて本編をお届けしていきます。

※1　２０２４年10月時点

※2　本書では自己受容（他者受容）の意味のあるものは「受け入れる」ではなく「受け容れる」と表記します

学校に行けない子どもに伝わる声がけ
Contents

第1章 不登校スタート期の声がけ

第2章　不登校本格期の声がけ

第3章 落ち着き期の声がけ

第4章 過去の清算期の声がけ

第5章 回復期の声がけ

第6章　子どもとこじれてしまったときの声がけ

マンガ・イラスト　かりた
装丁　白畠 かおり
ＤＴＰ　小山田 倫子
校正　株式会社ぷれす
編集協力　細井 秀美
編集　吉田ななこ（ＷＡＶＥ出版）

序章

子どもと接するときに大切な〝受容感〟

なぜ子どもを受容することが大切なのでしょうか？

お子さんが突然、「学校に行きたくない」と言い出したら、多くの親御さんはきっとあせってしまうことでしょう。

「どうしたの？」「学校で何かイヤなことがあったの？」「体調が悪いわけでもないんでしょう？」「行けばなんとかなるよ」などと、理由を問い詰めたり、登校するよう促してしまったりすることもあると思います。

その気持ちはよくわかります。ですが、まずは親であるあなた自身の気持ちをいったん落ち着かせてみてください。その上で、こう考えてみてください。

「たぶんこの子は、急に行きたくないと思ったわけではないんだろうな。今まで少しずつ積もり積もっていたものを、今日やっと口に出せたんだろうな」と。

学校に行きたくない理由は、人それぞれあるでしょう。友達とケンカをしてしまったのかもしれませんし、「学校の勉強についていけない」と感じているかもしれません。いじめや人間関係に悩んでいるのかもしれませんし、「もっと親に話を聞いてもらいたい」あるいは「家でずっとゲームをしたい」と思っているお子さんもいるでしょう。

あなたのお子さんにどんな理由があるにせよ、子どもは既に子どもなりに悩んだり葛藤したりしてきている場合がほとんどです。

その上で、「学校に行きたくないなんて思う自分は、ダメな人間だ」「学校に行きたくないなんて言ったら、親を心配させてしまう」「どうせ怒られるに決まっている」とさらに悩みを重ねてしまい、**自己否定の気持ちでいっぱいになってしまっていることが多いというのが、私のこれまでのカウンセリング経験からの実感です。**

そうした葛藤を抱えながらも、やっとの思いで吐き出した気持ちに対し、恐れていた通りの反応を親御さんにされてしまったら……。

子どもは「**やっぱり自分はダメなんだ**」という気持ちを、確実なものとさせてしまうかもしれません。

私自身もそうでしたし、私がこれまで接してきたお子さんたちでも、このようなケースはたくさん見てきました。

だからこそ、親御さんには、怒ったり叱りつけたりしないであげてほしいのです。できるなら、そんなお子さんを受け容れてあげてほしいのです。

「この子は学校に行きたくないと言っている」という事実を、〝ありのまま〟に受け容れてほしいと思います。

「そうか、学校に行きたくないんだね」

まずはこんなふうに声をかけてみてください。

このひと言だけでも、自己否定の気持ちでいっぱいだったり、「絶対に怒られる」と考えていたりしたお子さんの心は落ち着き、安心感を得られると思います。

事実をありのままに受け容れることを、〝受容〟といい、自分のありのままを受け容れることを〝自己受容〟といいます。

受容は〝肯定〟とは違うものです。肯定とは「いい」という判断をすることです。もう少し砕けた言い方をすると、肯定や否定は〝白黒をつける〟ことで、受容は〝そもそも白黒をつけない〟という感じでしょうか。

白黒をつけて「これでいい」と判断すると、そうでないものは「ダメ」となってしまいますよね。

逆に、物事に白黒をつけないと、「いい」も「悪い」もないので、単純にラクでいられます。ラクですし、心に安定がもたらされます。

不登校に対する考え方を例にすると、肯定か否定かで考えてしまうと、「学校に行くことはいいこと」「行かないことはダメなこと」と二択の考え方になってしまいがちです。

一方、受容ができると、「子どもが学校に行きたくないこともあるよね」「きっと本人も苦しんでいるんだろうな」といったように、フラットに客観的に受け止めることができます。さらに、お子さんに対しても感情的にならずに接することができるようにもなります。

親は自分自身のことを受け容れていますか？

とはいえ、いきなり「お子さんを受け容れましょう」と言われてもなかなか難しいですよね。お子さんの〝ありのまま〟を受け容れるのも大切ですが、実はそれ以上に、親御さんが自身のことを受容することが大切なポイントになります。このことを〝自己受容〟といいます。そして、自己受容が深まることで、次第に他者受容――つまり、お子さんのことも受け容れられるようになっていきます。

実際に自己受容について考えながら、自己受容を深めるためのステップを踏んでいきましょう。

ステップ1　自身の状況を自覚する

自己受容をするには、あなた自身の現在の状況を自覚することが必要です。

まず、あなた自身の不安やあせりについて考えてみてください。たくさんあっても、人には言えないような悩みでもいいのです。

考えるだけでなくノートを用意して書き出してみると、より自身の心の状態が明確になりますし、気持ちの整理にもつながるのでおすすめです。

例：「学校へ行かない子どもの将来が心配でたまらない」
「自分の育て方が悪かったから、子どもが不登校になってしまったのではないか」
「子どもが不登校だと、親戚や知り合いから白い目で見られてしまいそう」
「子どもが学校へ行きたくない理由などを話してくれない」
「義母が子どもの不登校についていちいち口を出してくるので、腹が立つ」

書き出してみたら、それぞれの項目について、
①現実のことなのか、自身の感情や想像なのか
②自分自身の問題なのか、子どもの問題なのか、あるいはその他の問題なのか
を分けて考えてみてください。

①でいうと「子どもが学校へ行かない」「不登校」は現実のことですが、「子どもの将来が心配」「自分の育て方が悪かった」「親戚や知り合いから白い目で見られそう」の部分は、あなたの感情や想像です。

②でいうと「子どもが心配でたまらない」「親戚や知り合いの目が気になる」といったことは親の問題で、「学校に行けない」「学校に行きたくない理由を話せない」というのは子どもの問題です。もし親御さんが子どもの不登校に悩んでいるとしても、実際に不登校であるのはお子さんです。ですから、不登校自体は「子どもの問題」となります。「義母が子どもに介入してくる」はその他の問題ですが、「それに腹が立つ」のは私の問題です。

基本的に、自分の気持ちや行動は変えることができますが、子どもの問題、その他の問題は他人が変わらないとどうにもならなかったりします。いったん悩みを手放して、自分の気持ちを変えるほうが、解決への近道です。

現実と感情、自身の問題と子どもの問題がごちゃ混ぜになってしまうと、物事のありのままがとらえにくくなってしまいます。分けて考えた上で、「自分はこういう現実に対し、こういう考え方をしてしまう傾向がある」と客観的に見られるようになるといいですね。

ステップ2　ありのままを受け容れていない自分に気づく

もちろん、感情に振り回されてしまったり、子どもの問題を自身の問題ととらえて悩んでしまったりすることは、よくあることです。むしろ多くの人が、こういった状況で苦しんでいることでしょう。

だからこそ、「ありのままを受け容れられていなかった」と気づけたことは、非常に意味があります。

その上で、「そう考えてしまう自分もいる」ということを認められるようになることが、自己受容の第一歩です。ただし、「そう考えてしまう自分でもいい」と受け止めると、自己肯定になってしまうので（「いい」「悪い」で判断しているため）、注意が必要です。

ステップ3　自己受容を深める

ときには自己嫌悪に襲われたり、どうしてもネガティブに考えてしまったりすることもあるでしょう。そんなときは、自分自身へ癒やしの言葉をかけて、気持ちをほぐしてあげましょう。**「いつも頑張っているじゃない。そんなに背負い込まなくてもいいんじゃない？」「人間だから、感情の浮き沈みがあるのも当然だよね」「ちょっと疲れているのかも。少し休んでから考えてみたら？」**といった感じです。

このようにして自身の感情を処理できるようになると、自己受容が深まっていきます。同時に、「こうしなければ」「こうあるべき」など自身を縛り付けていた観念が弱まり、気持ちがラクになっていきます。実際に、数々の心理学の研究でも〝自己受容が深まると、幸福度が上がる〟ことが明らかになっています。

ステップ4　自己受容が深まると他者受容もできるようになる

〝自己受容が深まると、他者受容もできるようになる〟ということも、心理学の研究で報告されていますし、カウンセラーとして数多の悩まれる方々を拝見してきた経験からも確信しています。**「私はこう考える」「あなたはこう考えるのね」というように「自分は自分、人は人」と認められるようになるのです。**

〝他者〟には、我が子も当然含まれます。はじめのうちは無理やり口にしていた「そうか、学校に行きたくないんだね」というお子さんへの言葉も、自己受容が深まると「この子は今、そういう状態なんだな」と思えるため、心から伝えられるようになるでしょう。

もちろん、自己受容は一朝一夕にできるようになるものではありません。一進一退といった感じで、「昨日はできていると思えたのに、今日はまた自己嫌悪に陥っている」ということもあるでしょう。私自身も、「気づけばネガティブ思考のスパイラルにはまってしまっていた」ということもあります。

少しずつ、行ったり来たりしながら、自身に対してもお子さんに対しても、〝ありのまま〟を受け容れられるようになっていけるといいですね。

子どものことが心配でたまらないときは

今まで「子どもが心配で不安になってしまうときこそ自己受容を」とお伝えしてきました。ここでは、さらに自己受容を深めるとともに、しっかりとした心の器をつくる方法についてご紹介します。22〜27ページでご説明した自己受容の方法と併せて、ぜひ取り組んでみてください。

こちらも、すぐにできるようになるものではありません。じっくり、あせらずに取り組んでみてください。

心の器をつくる方法

①心の中に不安な気持ちや自己嫌悪、自己否定などのネガティブな気持ちが湧いてきたら、その感情に押し流されないよう、いったんフタをするつもりで深呼吸します。気持ちが落ち着いてきたら紙を用意して、自分に湧いた感情をひとつずつ、書き出

してみましょう。

②書き出した自分の感情に対して、ねぎらいや癒やしの言葉を、その下に書いてみましょう。「**心配をしてしまうのは、それだけ大切に思っているからだよね**」「**子どものことを大切に思うのと同じくらい、自分のことも大切にしていいんだよ**」など、優しさの方向を自分に向けて、自分自身に声がけをしてみてください。

③癒やしの言葉をかけることでネガティブな感情が緩んできたのを感じたら、その状態をじっくり味わいます。味わい切ると、自然と心が解放されていく状態が感じられます。その解放感こそが、「自分で自分の感情を処理できた」ということです。

心配しすぎて苦しくなってしまったときや、不安に押しつぶされそうなときは、そのたびにこのワークを繰り返しやりましょう。ネガティブな感情から逃げることなく、しっかり認識し、対応することで、心の器は強く大きくなり、自己受容は深められていきます。

声がけをするときの気持ちがいちばん大切

同じ受容的な言葉で声がけをしても、〝どのように言うか〟によって相手への伝わり方が変わります。

親が「とりあえず受容的な声がけをすればいいんだろう」という気持ちでいたら、子どもは「なんか雑だな」と感じますし、表面的な態度で子どもに接すると、子どもからの信頼は低下していきます。

子どもからの信頼が低下すると、今度は何を言っても「どうせ本心じゃない」「親の都合のいいようにコントロールしようとしているんじゃないか？」と疑われ、言葉がまったく伝わらなくなってしまいます。

また、子どもとのコミュニケーションに悩む親御さんの中には「子どもが思った通りに動いてくれない」「思った通りの反応をしてくれない」という方がいらっしゃいます。

実はそう思っている時点で、親御さんは〝自分が願った通りになってもらうための声がけ〟をしていて、お子さんはそれを見抜いているのです。

そして「子どものために言っているのに、わかってもらえない」「私はこんなに頑張っているのに、なんで言うことを聞いてくれないんだろう」といった親御さんの思いが強まるほど、語気もどんどん強くなり、子どもとの関係がさらに悪くなる。そういった悪循環にはまる方が多いと感じています。

「子どもにはこうなってほしい」という願いは誰しもあると思います。特にお子さんが不登校だと「勉強だけじゃなく社会性も学んでほしい」「もっと気持ちを話してほしい」などと、切実な思いでお子さんと接している方もいらっしゃるでしょう。

ただ、子どもは親とは別の人間です。親のなってほしい姿と子どもがなりたい姿がまったく違うということもあるでしょう。**「私とは違う人間・人格なのだから、私の思い通りになるはずがない」**と思ったほうが、親御さんもラクになると思います。

その上で親御さんが**「もしかしたら私の思い通りにしたくて、そのための声がけをしているのかもしれない」**ということに気づければ、もっと受容的に、寛容的になり、お子さんにかける言葉や口調も自然と変わっていきます。

1

声がけの基本5つ

理解を示す

不登校の経験のない親御さんにとって、お子さんの「学校に行きたくない」という気持ちを理解することは難しいかもしれません。理由を聞いても答えてくれないし、学校を休ませてもなんだか元気そうだし、ゲームもしているし……。「もう手がかりなし！」という場合や、きょうだいの上の子は学校に行っているのに下の子は行けないという場合もあるでしょう。

同様に、ゲームにはまって1日中やるという経験をしたことがない親御さんにとってはゲームを何時間もする子どものことを、学生時代にケータイを禁止されていた親御さんにとってはずっとスマホで友達とやり取りしている子どものことを、理解することは難しいと思います。

理解するのは難しいとしても、まずは〝理解を示す〟ように心がけてみてください。

親子であっても兄弟姉妹であっても、それぞれ性格も、考え方も、キャパシティも違うものです。時代や人間関係や環境などによって、考え方も変わってきます。そういったことを念頭に置いた上で、**「この子は学校に行きたくないんだな」「このゲームのどこが面白いのだろう」「自分の時代にスマホはなかったけど、友達と時間を忘れて話すときはあったよな」**などと〝わかろうとする〟ことに意味があるのです。

よくある悩みで「子どもが話してくれなくなった」という親御さんがいますが、私のカウンセリングをさせていただいたお子さんは、**自分の好きなことならよく喋ってくれる子がほとんど**でした。

もちろん、その話が親御さんにとって興味のない話かもしれません。かなりマニアックな話で何を言っているのかわからないこともあるかもしれません。ただ、親御さんがお子さんの話に乗っかって質問をしたり、あるいは親自身も調べたり、そうして理解を示してもらえると、お子さんはかなり嬉しいはずです。

そうして、**お互いに経験のないことでも、理解し合える、理解しようと歩み寄れる、そんなより良い親子関係へと変化していける**と思います。

声がけの基本5つ

2 受容的な態度で接する

受容的な態度で接するというのはいきなりでは難しいと思うので、まずはその反対である **〝否定的な態度や言葉をとらない、使わない〟〝命令口調をしない〟** といったことに気をつけましょう。

特に「親というものはこうあるべき」「きちんと子育てしないと」といった思いが強い方の場合、子どもに対しても「学校に行かないと、将来困るよ」といった否定的な言葉を使ったり、「早く支度しなさい」「ちゃんと片づけなさい」といった命令口調になったりすることが多くなりがちです。

そうした言い回しや態度を **「〇分までに支度を終えようか」「ここを片づけてからご飯にしようか」** など、少しずつ前向きなものに変えてみるのもひとつの方法です。

同時に、自身に対しても、22〜27ページを参考にしながら自己受容を深めていきましょう。くれぐれも、〝受容〟と〝肯定〟を混同しないように注意してくださいね。

微妙なニュアンスの違いになってしまいますが、不登校を例にした場合、**「学校に行きたくないんだね」**というのが受容であって、「学校に行かなくてもいい」は肯定です。

親が子どもの考えをすべて肯定するようになると「自分はこれでいいんだ」という思い込みにつながり、自己愛（プライド）ばかりが高まります。結果的に「自分はすごい、他者は愚かだ」という唯我独尊のような考えに陥ってしまう恐れもありますし、社会に出て、誰も自分を肯定してくれなくなったときに、心が折れやすくなる危険性もあります。

ときには、自身や子どもに対して、否定的な気持ちが芽生えることもあるでしょう。そんなときはネガティブな感情も受け容れて、**「そう思ってしまうこともあるよね。今まで子育てを、本当によく頑張ってきたと思う。**これからは、今までと違う考え方や育て方を試してみてもいいんじゃない？」など、**自身に寄り添い、気分転換をはかれるような言葉をかけてみてください。**

徐々に自身への「こうあるべき」といったこだわりが緩んでいき、子どもに対しても受容的な態度がとれるようになっていくと思います。

3

声がけの基本5つ
怒らない

何度同じ注意をしても直らなかったり、学校に行かず、家でずっとゴロゴロしていたり……。つい、「何回同じことを言わせるの！」「いつまでもゴロゴロしていないで、勉強くらいしたら!?」と声を荒げてしまうこともあることでしょう。

怒ったところで、発散されるのは一瞬の自身の感情だけ。怒りの底にどれだけ子どもを思う気持ちが隠れていたとしても、それが子どもへ伝わることはないでしょう。さらに、最初のひと言が引き金となり、タガが外れたように次々と否定的な言葉があふれ出してしまう状況にもつながりかねません。後に残るのは、「また怒ってしまった」という自己嫌悪……。

子どもからしても、「また怒られた」「やっぱり自分はダメなんだ」という思いが募るばかり。「結局、親にはわかってもらえないんだ」と感じ、親子の関係性にとっても逆効果でしかありません。

そもそも、その状況を「悪い」と判断しているから怒りが湧いてくるのではないでしょうか。できれば、怒りの言葉を発する前に深呼吸をしてみましょう。そして、「感情的になっているな」「良し悪しで判断しているな」など自分の状態に気づいたら、その状態を受け容れるように努めてみましょう。

イラッとしたら「ちょっと待った」と自分自身に声がけをしてみてください。

お子さんの何にイラッとしたのでしょうか？　もしお子さんが悪いことをしているとして、怒らずに、ただ話して伝えることはできないのでしょうか？

親御さんが自身の怒りを受け容れ、冷静にお子さんに話しかけることで、お子さんも**「いつもは怒るのにどうしたんだろう」**と親の変化に気づくはずです。そして**「怒られないなら、あれも相談しようかな。これについても話してみようかな」**と親に対しての信頼が高まるケースもたくさん拝見してきました。

4 声がけの基本5つ

話しすぎない

親御さんがお子さんに対してとってしまいがちなコミュニケーションとして、次の2つが挙げられます。

①子どもの話を途中で遮り、否定したり、質問攻めにしたり、急かしたりする

②子どもに求められていないのに、「こうしてみたら?」などアドバイスをしたり、「自分はこうだったよ」と自分語りをしてしまう

どちらも、お子さんを心配するあまりのことでしょう。ですが、子どもからすると「私の言うことは結局否定される」「親の考えを押しつけてくる」と感じ、親への信頼も低下してしまいます。実際にご自身が子どもの頃、親に対して同じように感じていた方も多いのではないでしょうか。

子どもは未熟とはいえ、子どもなりに考え、行動しようとしています。そのたびに「それじゃダメ」「ああしろ、こうしろ」と言っていては、子どもの自立の芽を摘むこ

とになってしまいます。

ぜひ、お子さんが話を始めたらできる限り聞くように心がけてみてください。途中で「ちょっとそれは……」と思っても口を挟むことなく、全部話し切らせることも大切です。ここではお子さんから「どうしたらいい？」と聞かれない限り、アドバイスを控えることもポイントです。

親のそうした態度によって**子どもは「自分を受け容れてくれている」「私の考えを認めてくれようとしている」と感じ、心が安定し、自分自身を受け容れることができるようになります。**親御さんへの信頼も回復していくでしょう。

子どもから「どうしたらいい？」とアドバイスを求められたときは、「私はこう思うよ」といったように「アイ（I）メッセージ」で意見を伝えてみてください。

「私は（I）」を主語にすることで、「あくまでも私はこう思うけど、人にはいろいろな考え方があるよ」というニュアンスを伝えることができます。

押しつけがましくなく、相手の心に踏み込むことなく思いを伝えられるので、お子さんに限らず、普段の大人同士のコミュニケーションでもおすすめの話し方です。

声がけの基本5つ

5 子どもからの反応は期待しない

お子さんに話しかけても、黙ったままで返事が返ってこない、あるいは「別に」「ほっといて」とそっけなく返されることもあるでしょう。

そんなときに「自分の話し方の何がいけないの？」と不安になったり、お子さんの態度にイライラして「ちゃんと話しなさい」と叱ってしまったりすることはありませんか？

それらの感情や行動は、心のどこかで「こう話せば、こう返してくれるはず」という期待があるから起こります。

不登校かどうかにかかわらず、思春期の子どもとコミュニケーションがとりにくいのはよくあることです。そう考えて、子どもからの反応は期待しないほうが、親御さんもお子さんもラクになれます。

特に、学校に行けなくなったばかりの頃の子どもの気持ちはとても不安定です。無理に話をしようとすればするほど、関係はこじれていきます。

ここで「**そっか。じゃあ話したくなったら話してね**」と親が引いたほうが、「今は話したくない」という子どもの気持ちを尊重することにもつながります。

お子さんからそっけなくされたときは、「そんなこともあるか」と他者受容から始めてみましょう。

そして子どもと距離をおいてから、「とはいえ話ができないのは心配」→「そういうこともある。親と話すかどうかはあの子が決めること」、「ほっとけるわけないじゃない」→「確かに、親だから『ほっとけない』とも思うよね。でもあの子だって親が何でもやってあげなきゃいけない年齢でもないし」などと自己受容をしましょう。

そうして親が子どもから離れることで、子どもは自分自身と向き合うようになります。もしかしたら、親にそっけない態度をとってしまったことを、いつか後悔する日がくるかもしれません。それも、子どもにとっては学びと成長なのだと思います。

集団タイプの子どもと個人タイプの子ども

人は大きく〝集団タイプ〟と〝個人タイプ〟の2つのタイプに分けられます。お子さんがどちらのタイプなのかを理解しておくと、声がけなどコミュニケーションのとり方のヒントになると思います。

大まかな判断ポイントは普段の過ごし方や物事へ取り組むときに〝集団で過ごす・行うことが好きか（→集団タイプ）〟〝個人で過ごす・行うことが好きか（→個人タイプ）〟ですが、ほかにも次のような特徴が見られます。

なお、これらはあくまで基準のひとつであり、どちらかにはっきり当てはまらないケースもあります。「うちの子はどちらかというと〇〇タイプかな」程度の目安としてとらえていただければ大丈夫です。

【集団タイプの子ども】

□みんなで協力して物事に取り組むことが好き
□人と違ったり、人の輪から外れたりすることを好まない
□ルールや決まりに素直に従う
□わりと我慢強い
□自己主張をしすぎず、目立つことをあまり好まない
□安定志向

【個人タイプの子ども】

□我が道を行く傾向がある
□「人は人、自分は自分」と考える
□ルールや親の言うことに対し、納得のいかないときは反抗する
□我慢することが苦手
□目立つことが好き
□こだわりが強い。好きなことと苦手なことがはっきりしている

集団タイプの子どもへの声がけポイント

集団タイプの子どもは「みんなと仲良く、みんなと同じように」を大切にする傾向があるので、親や学校の先生から「問題を起こさない、いい子」と見られる場合が多いです。

だからこそ、「みんなと同じように学校に行けなくなってしまった」という現状に悩み、自分を責めてしまうことが多い印象です。本人がいちばん悩んでいるので、「ちゃんと学校に行ったら?」という言い方は逆効果になってしまうことも多いです。「学校へ行きなさい」とは「みんなと同じようにしなさい」と言われていることとイコールであり、本人がいちばんそうしたいと思っていたりもします。

「なんで行けないの?」「何かあったの?」と問い詰めることも、同様に逆効果だと考えたほうがいいでしょう。本人を「自分はダメなんだ」と、さらに追い込んでしまいかねないからです。

集団タイプの子どもに対しては、「**この子が学校に行けないということは、相当苦しいんだろうな**」と理解を示し、なるべくフラットに、早いうちから先々のことを急かすことなく、寄り添う姿勢が大切かと思います。親のほうから先回りして「学校に行けないのならば、しばらく休もうか」と提案する必要はないとは思いますが、「**今はちょっと休んでもいいと思うよ**」などアイメッセージで伝えてあげると、子どもはよりラクになれることでしょう。

集団タイプ・個人タイプどちらにもいえることですが、まずは子ども自身が自らの状況を受け容れ、少しずつ心を立て直していく、そのための時間が必要な子がほとんどです。**その後、気力が戻ると、集団タイプの子どもは再び学校など元のレールに戻っていく傾向が強いです。**

そんな時期がきたときに、今度は「うまく輪の中に戻れないかもしれない」という不安に飲み込まれないよう、「**誰にでもうまくいかない時期はある**」「**人はいつだってやり直しできる**」ということを本人が実感できるような接し方を意識できるといいですね。

個人タイプの子どもへの声がけポイント

個人タイプの子どもは集団タイプの子どもに比べ、主張が強い傾向があります。学校へ行きたくない理由も「勉強がイヤ」「縛られるのがイヤ」「ゲームできなくなるからイヤ」「先生がイヤ」など。特に集団タイプの親からすると理解しにくいことが多く、幼児の頃のイヤイヤ期が戻ってきたかのように感じられるかもしれません。

とはいえ——私も個人タイプなので共感できる部分が多いのですが——子どもは必ずしも発した言葉通りに考えているわけではありません。「本当はこうしたいのに、どうやっていいかわからない」「自分のやりたいことに対して、親や友達など周りの理解が得られない」など、**気力を持て余して処理し切れなかったり、うまく説明できなかったりするために、単純な言葉で言い切ってしまうケースも多いのです。**

また、単に〝わがまま〟〝頑固〟なわけでもなければ、「ひとりでいい」と考えているわけでもありません。「今までも親に理解されなかった」「でもわかってほしい」

「思う通りに生きたい」という葛藤を抱え、きちんと言葉にできない場合もあります。

だからこそ願わくは親御さんには、**「この子と自分は違う人間」**という事実を意識した上で、じっくりとお子さんの話に耳を傾け、その言葉を受け容れる姿勢をもっていただければと思います。

途中で「それで?」と急かすことなく、「それって……」と口を挟むことなく、「そうは言っても……」と否定することなく、できるだけ最後まで話を聞いてあげてください。疑問やもう少し深く聞きたい部分があるときは、子どもが最後の言葉を出し切った後で、質問するようにしましょう。もちろん、「思い通りになってほしい」との思惑からの誘導などは極力避けるように心がけてくださいね。

個人タイプであれ集団タイプであれ、子どもは未来を自らの足で歩いていかなければなりませんし、そうできる力をもっています。今は未熟かもしれませんが、もう少し子どもの力を信じてもいいのではないかと私は思います。

子どもにとって「親が受け容れてくれた」と実感できるコミュニケーションは、この先を自分らしく前を向いて歩いていくための原動力となっていきます。

不登校解決までのステップとは？

声がけをするときの気持ちと同じくらい大切なのが、どの時期にどういった声をかけるかです。

各章で紹介する声がけには〝子どもを受容する声がけ〟や〝子どもを受容しつつ、自立を促す声がけ〟があります。**ただし、子どもに自立を促すのは、ある程度子どもの心が落ち着いてからです。**

まだ不登校になって間もないのに、子どもに自立を促すのは、傷口に塩を塗るようなことになってしまう場合も多いです。反対に、子ども自身が将来について考え始めたり、欠席日数によって進路に影響が出たりする場合には、きちんと話し合う必要があります。

だからこそ、お子さんが今どの段階にいるのか、〝不登校解決までのステップ〟を意識していただくと効果的だと思います。

親御さんからはよく「不登校はいつ終わりますか？」という質問をいただきますが、不登校は時間だけで解決するものではありません。

時間だけではなく〝親御さんの心のあり方〟が解決を左右する要素の多くを占めていると、私は感じています。**〝親が自己受容を深めてありのままを受け容れられるようになり、子どものありのままを受け容れられるようになり、子どもから精神的に自立できれば、必然的に解決に向かう〟**というのが、私のこれまでのカウンセリング経験からの実感です。

同時に、何をもって〝終わり〟〝解決〟とするのかを考えておく必要もあるかと思います。ちなみに私自身は、復学することだけを解決とは考えていません。

私にとっての不登校解決の定義は学校に戻ろうと戻るまいと**〝子どもが自身の力で生きていけるようになること〟**であり**〝自分の力で生きていく力を養うこと〟**です。

もちろん、子ども自身が「復学したい」という場合は、しっかりと背中を押そうとします。

そうしたことを踏まえた上で、不登校の始まりから解決までの流れについて考えていきましょう。

多くの場合、解決までには「①不登校スタート期→②不登校本格期→③落ち着き期→④過去の清算期→⑤回復期」というステップを踏んでいきます。

①不登校スタート期

「学校に行きたくない」と言われて何日か休ませている間に完全に学校へ行けなくなった状態や、たまに保健室登校をするものの通常の授業が受けられない状態です。

【よく見られる子どもの様子】

□気持ちが不安定で、イライラしたり、ふさぎ込んでいたりする
□普段おとなしい子でも、親から見ると暴言ととれるような言葉を吐いたり、物に当たったりする
□朝起きられなくなったり、食欲が急に増えたり減ったりといった体の変化が起こる
□髪を染めたり、派手なファッションをしたりといった見た目の変化が起こる

②不登校本格期

学校に行かないことが、子どもにとって当たり前になってきた時期です。親からすると、「学校に行く・行かない」でモメたり、学校とやり取りしたりすることに疲れてくる時期かもしれません。

【よく見られる子どもの様子】

□しつこく「学校に行け」と言われることが少なくなり、気持ちが安定する
□逆に、イライラを募らせている
□親を試す、「〇〇したら××する」と脅すような言動をとる
□昼夜逆転の生活になる、過食や極度の小食が続くなど、生活や食事のスタイルが乱れる
□現実から逃げるようにずっとスマホを見たり、ゲームを続けたりする

③落ち着き期

親に反抗することに疲れたり、親への信頼が回復してきたりすることで、子どもの状態が落ち着いてくる時期です。落ち着き方は、集団タイプ・個人タイプによって違いが見られるケースが多いです。

【よく見られる子どもの様子：集団タイプの場合】

□同じスマホやゲームをするにも、楽しんでいる余裕がうかがえる
□会話はするものの、学校の話に関してはイヤがる
□親に対しては相変わらず面倒くさそうな対応をする

【よく見られる子どもの様子：個人タイプの場合】

□不登校本格期までの段階で親子関係に変化がない場合、さらに元気がなくなる
□失望感や無力感に襲われ、葛藤したり苦しんだりしているように見える
□スマホやゲームをしているが、楽しんでいるように見えない

④過去の清算期

親が子どものありのままを受け容れ、子どもの心が安定してくると、「なぜ、あのときああ言ったんだ」「本当はこうしたかった」と過去と向き合う時期が訪れるケースが多いです。

【よく見られる子どもの様子】

□自分と向き合っているため、不登校スタート期のように悩んでいるように見える
□わかってもらえないことに対する怒りをあらわす場合も多い
□過去の苦しみや傷ついたことなどを親に伝えてくる

⑤回復期

心も生活も安定し、未来に向かって考えたり、行動したりできる時期です。子どもが将来の希望や不安について、親に話すようになります。

【よく見られる子どもの様子】

□「これからどうしよう」「もう戻れないかな」など不安や悩みを打ち明けてくる

□将来に関わるような「こうしたい」「これをしたい」という主張をしてくる

すべての子どもがこのステップを踏むわけではありませんし、ひとつのステップに長く留まるケースもあれば、逆戻りをするケースもあります。「よく見られる子どもの様子」の例も同様に、すべての子どもに当てはまるわけでもありません。

あくまでも目安としてとらえた上で、お子さんとの接し方の参考になさってくださいね。

第1章

不登校スタート期の声がけ

不登校スタート期

この時期の声がけのポイント

今まで我慢していた感情を爆発させたり、ストレスのはけ口がなくてイライラしていたり、「学校へ行けない」という自己否定感に苛まれていたり……。

この時期の子どもの気持ちは、不安定です。普段と変わらないように見えても、親からいつ「学校へ行きなさい」と言われるか、ビクビクしていることもあります。

親御さんは「初期段階だからなんとかなる」と、学校へ行くよう説得したり、行きたくない理由をなんとかして聞き出そうとしてしまうかもしれません。ですが、子どもは既に十分悩んできているケースが多いようです。そうしたアプローチをうっとうしく感じ、「自分の気持ちをわかってくれない」と、親への信頼が低下してしまうかもしれません。

子どもが親と話したくない様子を見せたら、いったん距離をおくといいでしょう。

「なんで学校に行かないの？」と子どもを問い詰めたり否定したり、「そんなんじゃロクな大人にならないよ」と脅したりすることは基本的にNGです。

どうしても伝えたいことがある場合は「私はこう思うんだけど」とアイメッセージで、なるべく最小限に留めるくらいが望ましいです。

「〇〇する？　それとも〇〇する？」と選択肢を用意して子ども自身に決めさせるのも、ひとつの方法です。そうした提案を子どもが聞き入れないとしても、叱ったり無理に従わせたりしないことも大切です。

「子どもが学校へ行けない」という現実に、あなたが戸惑ったり不安になったりしてしまうのも無理はありません。そうした感情を否定も肯定もせず、自身に「**いきなりの出来事でびっくりするのも当然だよね**」など癒やしの言葉をかけながら、**ありのまま受け容れるように意識してみてください。**

すると、「**いちばん苦しいのは本人なんだろうな**」といった具合に、子どもの状態を受け容れられるようになり、温かく見守る姿勢で声がけができるようになると思います。

CASE 1

学校に行く準備が進まないとき

この会話のポイント

そろそろご飯だよ

何度か行き渋りがあると、朝の支度の段階で「またか」と思う日も出てくるでしょう。そんなときに「今日はどうするの？」「行くなら早く支度しなさい」と促すのはNGです。まだお子さんが「行きたくない」と言ってもいないのに、「今日も休もうか」と提案する必要はありませんが、**「そろそろ起きたら？」「どうしたの？」**と気遣えるといいと思います。

そっか、まだ起きたくないんだね

日本人は諸外国の人々と比べて、時間への意識が高いといわれています。そういったこともあり、「まだ起きたくない」と言う子どもに対し、反射的に「そんなこと言ってないで、早くしなさい！」と返してしまう方も多いのではないでしょうか。

時間を意識させるのは悪いことではありませんが、特に不登校のスタート期にある子どもには、大きなプレッシャーになってしまうこともあります。

「そうなのね」と、まずは子どもの気持ちに同意し、受け容れる声がけをしてみましょう。

すぐに実践することは難しいかもしれませんが、普段からこういう言い方を意識したほうが、親子のコミュニケーションがスムーズにできるようになるかと思います。

じゃああと5分だけ寝る？　その分、急いで準備できる？

「まだ起きたくないんだね」と子どもの言葉を受容した上で、**「あと5分寝て、急いで準備できる？」**と提案しているところがポイントです。

「そうする」と返事するにせよ、「急ぐのも大変だし、もう起きる」となるにせよ、**選択権を子どもに与えていることになるからです。**そのことで、子どもには「自分がそのやり方を選んだ（決めた）」という責任感が芽生えます。「親に押しつけられた」と感じないため、自発的な行動を促すことにもつながります。

なお、「あと5分だけ寝て、その分、急いで準備しようか」という「Let's（誘い）」の言い方もありますが、その場合は少しニュアンスが変わります。「子どもの気持ちを受け容れた上で、譲歩している」という点では同じだと思われるかもしれませんが、子どもからすると「誘導されている」と感じてしまうケースもあるからです。

微妙なニュアンスの違いではありますが、**「自分が決めた」という意識をもたせるには、提案や選択権を与える声がけのほうがおすすめです。**

親にできること

普段から「しっかりした子に育てよう」という思いが強い親御さんほど、時間に対しての意識も厳しい傾向にあります。

「まだ起きたくない」とお子さんが言っていても、「それじゃ学校に遅れちゃう」「朝ご飯も食べなきゃいけないのに」「私も仕事が……」など急ぐ理由で頭がいっぱいになってしまう親御さんもいるでしょう。「遅刻したら大変！」と先回りして子どもの服や持ち物を準備したり、「早く、早く」と、とにかく急かしたりすることもあるかもしれません。

普段から「学校行くのめんどくさいな〜」「毎日休みが続けばいいのにな〜」といった言葉が出ている子どもであれば多少話は違ってくるのですが、わりと厳しくしつけをしていたり、親子の会話が少なかったりという家庭で「起きたくない」という言葉が子どもから出てきたとすれば、「あれ、ちょっといつもと違うな」と受け取ったほうがいいかもしれません。もしかしたらそれは不登校のサインということも。

不登校のサインとは、〝子どもが苦しんでいるサイン〟でもあります。

さらに、普段から「親が厳しい」と感じていたり、言葉数が少なかったりする子どもの場合、こうしたサインを発することすら〝かなり高いハードル〟だと思っていることが多いようです。高いハードルを越えて言葉にできたお子さんの勇気にも、ぜひ目を向けてあげてください。

親御さんは「なんとか学校に行かせなければ」とあせってしまいがちですが、**この段階で親があせって急かせば急かすほど、子どもはどんどん追い詰められてしまいます。**

私もそうでしたが、この時期の子どもは神経が非常に研ぎ澄まされており、親の心の状態が手に取るようにわかるものです。「自分が起きないことで親が困っている」

と感じることがプレッシャーにもなってしまいます。

だからこそ、急かすのではなく、自主的に行動することを見守るようにしてみませんか？

そのためには、まず「子どもが起きられないと言っている」という事実を受け容れることが大切です。その上で、**「子どもが突然『起きたくない』なんて言ったら、あせっちゃうよね」**と自分に癒やしの言葉をかけながら、自身の心を安定させることを意識してみてください。

心が安定し、余裕が生まれると、少しずつ「親はこうあらねば」「子どもはこう育てなければ」という思い込みが緩み、気持ちがラクになっていくと思います。

今野先生のひと言

「もし準備が遅れて遅刻をしたとしても、それは子どもの問題」と割り切るように心がけて、この段階では見守るようにしましょう

CASE 2

「学校に行きたくない」と言われたとき

この会話のポイント

そうなんだね。なんで？

繰り返しになりますが、まずは**「そうなんだね」**と受け止めましょう。自分にも言い聞かせるイメージで。子どもから何を言われても、第一声は「そうなんだね」と言うように意識することも、ひとつの方法です。

「なんで？」と理由を聞いた場合、高確率で返ってくる言葉は「おなかが痛い」「気持ちが悪い」など体調不良を訴える言葉でしょう。**「具合が悪いわけじゃないけど、行きたくない」と答える子どもは、ほとんどいないと思います。**その後、必ず「じゃあ、学校行きなさい」と命令されるか、「じゃあ、なんで行きたくないの？」と問い詰められることがわかっているからです。

「学校に行きたくない」と思うあまりに、実際に体調が悪くなってしまうケースもありますが、「体調が悪い」「痛い」と言わないと休ませてもらえないため、休むための方便として言ってしまうケースが多いのです。

親御さんも「仮病じゃないかな？」と感じることもあるかもしれません。ですが、たとえ「具合が悪い」が嘘だとしても、**「仮病を使わざるを得ない心理状態なんだな」**ということを察してあげられるといいですね。

少し様子を見てみようか？

「熱があるのかな、測ってみる？」「お医者さん行ってみる？」といった言い方もあるかと思いますが、いずれも提案するように言えるといいですよね。

逆に、「嘘ついてない？」と子どもを疑ったり、「昨日もそう言ってたじゃない！」と否定したり、「そんなこと言ってないで、早く準備して」と子どもの言葉に聞く耳をもたないような言い方はNGです。

「今の段階だったら、なんとかなる」と思って無理やり従わせようとする親御さんも少なくありませんが、残念ながら逆効果になってしまう場合が多いです。初動でそういった対応をしてしまうと、子どもは「もう何を言ってもムダだ」と感じて心を閉ざしたり、「うるさいな！」「ほっといてよ」と親を拒絶し始めたりしてしまいます。

学校をお休みするときは連絡するから、また言ってね

「学校には行くべき」「なるべくなら学校を休ませたくない」と考える親御さんにとって、このセリフを言うことは、かなりの決心が必要だと思います。

ですが、子どもの思いはどうでしょうか。CASE1では「まだ起きたくない」というひと言を発するだけでも、子どもによっては高いハードルに感じるとお伝えしました。そういった子どもたちにとって「学校へ行きたくない」という核心をつく言葉を発するには、どれほどの覚悟が必要でしょうか。

だからこそ、怒るのでも問い詰めるのでもなく、「**お休みするなら言ってね**」という親の落ち着いたトーンの言葉は、非常に大きな安心感をもたらしてくれるものとなります。

同じくCASE1でお伝えしたように、「**〇〇するときは言ってね**」など、提案する話し方もポイントです。その後の行動を子どもの自主性に委ねていることになり、子どもに責任感が芽生えるからです。

親にできること

子どもとの会話では〝受容・傾聴・共感〟が大事です。心理学では〝カウンセリングマインド〟と呼ばれ、子どもに限らず人とのコミュニケーションを円滑にする心構えとされています。

もし、子どもに学校に行きたくない理由を聞く場合は、このマインドをしっかり意識してみてください。

これまで数々の親子の姿を見てきた私の印象では、特に、傾聴――子どもの話を最後まで聞くこと――ができない親御さんが多いと感じます。話の途中で遮ったり、急かしたり、そもそも「そんなことより早く○○しなさい」と聞く耳をもたないケースも珍しくありません。

「子どもが話してくれない」と悩む親御さんは多いのですが、「話してくれない」以前に、**〝親が子どもの話を聞かないことが積み重なった結果、子どもが話さなくなる〟**というケースが、非常に多いと感じています。

きちんと筋道を立て、ポイントを押さえて話せる子どもは、そうそういません。子どもが話し切るまでは口を挟まず、ときに**「うんうん」「そうなんだね」**といったあいづちを打ちながら、いったん最後まで聞いてみてください。

理解できない部分がある場合は、子どもがすべてを話し切った段階で**「○○の部分をもう少し詳しく教えてくれる？」「○○って、例えて言うならどういうこと？」**と穏やかな口調で聞けるといいですね。

また、全部を詳しく知りたいとの思いから、「もっと、もっと」と問い詰めてしまうことも多いようです。「聞きたいことは全部聞いておきたい」というのが親心だとはいえ、この段階ではまず子どもが話してくれることだけを、受容・共感しながら聞ければいいと思います。

今野先生のひと言

「学校に行きたくない」という言葉も子どもからの大切なメッセージです。ここで子どもを受け容れる気持ちになれると、子どもからの信頼が高まります

CASE 3

子どもに留守番をさせて外出したいとき

この会話のポイント

私は約束があるから、○時に出かけて、○時に帰ってくるよ

【親にできること】の項目でも詳しくお伝えしますが、親御さんは子どもの世話につきっきりになるのではなく、ぜひご自身の人生・生活を大事にしてほしいと思います。仕事もしかりです。小学校低学年くらいまでの子どもを長時間家にひとりにしておくのは難しいにしても、ある程度の年齢であれば、親御さんはなるべく自分の時間をもつようにしてみてください。

友達と会うときなども、お子さんに「○○さんと出かけてきていい?」と同意を得る必要はないかと思います。**「○○さんと会って、○時頃に帰ってくるよ」「帰るときにまた連絡するね」**など、相手の名前や時間の目安などを伝えておけば十分でしょう。まれに、中高生くらいでも寂しくて「行かないで」と言う子どももいます。そういった場合は**「行ってほしくないんだね」**など子どもの気持ちを受け止めつつ、「約束

しちゃったから今日は行くけど、なるべく早く帰るようにするね」など、できる範囲の対応ができればいいのではないでしょうか。何でも子どもの言う通りにする必要はないと思います。

「親は親、子は子」ですし、気持ちを受け容れることと、子どもの言うことを何でも聞くことは違うからです。

それ面白い？

会話のはじまりの「**何やってるの？**」も含め、用件だけを話しているわけではないところがポイントです。「**あなたのことをちゃんと見ているよ（監視という意味ではなく）**」という姿勢が子どもに伝わると、コミュニケーションがスムーズに進むことが多いです。

「別に」「……（無言）」という反応のときもあるでしょう。ですが、自分の思い通りの快い返事を期待しないことも、スムーズなコミュニケーションをする上で意識したいポイントです。

そっか。じゃあ何かあったら連絡してね

「そっか」「まあまあなんだね」と、まずは受け容れた上で、出がけのひと言を言えるといいと思います。

親御さんが言ってしまいがちなセリフとして「悪いことをするんじゃないよ」というたものがありますが、命令調や否定的な声がけは避けたほうがいいでしょう。

禁止事項を伝えるときも、言い方ひとつで受け取り方は変わります。

「私がいない間は友達と家で遊んじゃダメだよ」ではなく**「友達を家に呼ぶときは私が帰って来てからにしてね」**、「ずっとゲームをするのはいけないよ」ではなく**「ゲームをしてもいいけど、食事をしたり、片づけたりはするんだよ」**、「ガスは使わないで」ではなく**「ガスを使うときは気をつけてね」**など、やわらかな言い方を心がけてほしいと思います。

親にできること

不登校の子どもへの接し方として、「寄り添うことが大事」ということがよく言われます。もちろん、それも大事でしょう。ですが私はこれまで、子どもが中高校生になっても〝親がずっと子どもと一緒に家にいる〟というケースをたくさん見てきました。親はより過干渉・過保護に、子どもは過度に反発したり、反対にニート状態になったり……。お互いに距離感がわからない状況になってしまうことが多かったです。

そうならないためにも、また親と子がそれぞれから精神的な自立をするためにも、**〝親は通常運転を続けたほうがいい〟というのが、私のカウンセラーとしてのこれまでの経験から導き出された考え方です。**

子どもにかかりきりにならないためにも、親御さんにはなるべく自分の時間をもつことをおすすめします。「子どもが苦しんでいるのに、自分だけ楽しめない」という罪悪感や、「周りの人から『子どもをほったらかしにしている』と思われそう」といった世間体から、「できません」という親御さんは非常に多いようです。そういう方は、**ひとりでお茶をしたり、自分のための買い物をしたりなど、1日1時間でも外へ**

出て、〝気分転換〟の時間をもつのはいかがでしょうか。自身のわずかな楽しみすらも惜しんで、1日のすべての時間を子どもに注いでいても、子どもの一挙手一投足が気になるばかりで苦しくなってしまいがちです。子どもも親に監視されているように感じます。お互いにイライラが募り、事態が好転しづらくなってしまいます。

それに、**「親は親、子は子」の人生があります。**私自身もかつて不登校だったとき、親が楽しんでいる姿を見て「自分はこんなに苦しんでいるのに!」と怒りを感じたことがありました。しかし、徐々に「親も楽しんでいるし、自分も楽しんでいいんだ」と気持ちがラクになっていったことを覚えています。

親御さんの気力が枯渇しないように、また、前向きに子どもと接するためのセルフマネジメントの意味でも、ぜひ「楽しむこと」を大切にしてください。

★今野先生のひと言

親の心の安定が、子どもの心の安定にもつながります

CASE 4

「ほっといて」と言われたとき

この会話のポイント

明日は学校に行けそうかな？

子どもが元気そうにしていると、こうした問いかけをしたくなりますよね。「行けるよね？」といった誘導でもなく、「行こうね」という命令でもなく、マンガのように穏やかな聞き方をすれば、問題はないと思います。

ただし、子どもがつらそうな表情をしていたり、元気がなかったり、親子の会話がまったくないという場合は、会話の糸口としても無理をしてまで言わないほうがいいかもしれません。

今はかまわないでほしいんだね

「ほっといて！」と感情を爆発させる子どもに対し、落ち着き払って「**今はかまわないでほしいんだね**」と受け止める……非常に理想的な流れです。ですが、なかなかできないものですよね。反射的にイラッとしてしまったり、ただただびっくりしてしまったり、という反応がほとんどだと思います。

　マンガのように冷静沈着な受け止め方は難しいとしても、一呼吸おいて気持ちを落ち着かせてから、**「そうなんだね」「ＯＫ、わかった」**など、子どもを受け容れるひと言を発せられることが理想ですよね。

　ちなみに、**「今はかまわないでほしいんだね」**というのは、「ほっとくしかない」という諦めの感情とは少し違います。**「人間だもん、そんなときもあるよね」**と、相手を受け容れる感情です。

　「ほっとけるわけないじゃない！」と返してしまうケースもあるでしょう。ですがそれでは「ほっといて」という子どもの言葉を否定する言い回しとなってしまいます。

「ほっとけない」という気持ちを伝えたいのであれば、**「そうなんだね」**といったん受け容れてから、**「でも、親としては心配だから、なかなかほっとけないんだよね」**とアイメッセージでの伝え方を意識してくださいね。

わかった。生活リズムが大事だから23時には寝たほうがいいと思うよ

同じく「受け容れ＋アイメッセージ」の伝え方です。

体に影響するから、生活リズムが乱れるから、早く寝る「べき」だ。大切なことだから子どもにそう伝える「べき」だ……そんなふうに考えがちです。

ですが、親が考えるそういった「べき」は、子どもには伝わらないと思ったほうがいいかもしれません。

子どもも今までの経験から、「そろそろ『〇〇しろ』と言われそうだな」と、ある程度予想している場合が多いです。**「それでも、そうできない精神状態に子どもはあるのだ」**と理解するようにしてみてください。

だからこそ、思いを伝えるときはアイメッセージで伝えます。早く寝てほしい気持ちを伝えるのであれば、「明日起きられなくても知らないよ」と脅すのではなく、**「生活リズムが大事だから」「睡眠不足にならないか心配だよ」**などと、理由を伝えるとより良いコミュニケーションになると思います。既に「ほっといてよ！」と言われているので、聞いてくれない可能性もありますが、理由を伝えることが大切です。

親にできること

カウンセリングで親御さんと話をしているなかで、多くの方がおっしゃるのが「自分の言っていることは子どもに伝わっていると思っていたのに、全然伝わっていなかった」ということです。実際に、親の思っていることと子どもの思っていることは、まったく違うことがほとんどでしょう。

ですが、**親子コミュニケーションの多くの場合、特に不登校スタート期までは、親御さんは「子どもは私の思いを理解している」ことを前提にしていることが多いものです。**特に、子どもに「こんなふうになってほしい」といった夢や希望を託しているケースでは、その傾向が顕著だと感じます。

また、「昔は親の小言をうるさく感じていたけど、親になった今はその言葉が正しかったとわかる」という方の場合、自分の子どもに対しても同じような言い方・育て方をしてしまいがちです。

ただ、大人になったあなたがそう感じたとしても、お子さんに理解できるかはわかりません。お子さんが大人になったときに同じように感じるかどうかも、わかりませんよね。

だからこそ、**「親子とはいえ別人格だ」**という事実を受け容れた上で、**「自分の思いは子どもには伝わっていない」「子どもは親の思い通りにはならない」**と考えるほうがよさそうです。「伝わっているはず」と期待していると、そうでなかったときに「裏切られた」とショックを受けてしまうものです。はじめから期待をしないほうが、気持ちもラクでいられます。

「子どもには子どもの考え方がある」と認められるようになると、子どもからの精神的な自立もスムーズになります。そのことで、より健全な親子コミュニケーションがとれるようになると思います。

今野先生のひと言

子どもだってひとりになりたいときはあります。「そんなときもある」「何かあったら子どもから言ってくるだろう」と子どもに任せてみるのもひとつの方法です

COLUMN

1

子どもと
お休みについて話してみる

大人にとっての休みとは、いろいろ予定を入れたり、ゆっくりと過ごしたりと、ワクワクするものですよね。ですが、不登校の子の中には、休むことに罪悪感をもっていたり、引け目を感じたりしているケースも少なくありません。「休んでいるのに休めていない、心が休まらない」という状態だといえるでしょう。

そういう子に対して私は、「自分を責めてしまう気持ちもわかるけど、せっかくの休みだからもっと満喫してもいいと思うよ」と伝えることが多いです。大人になって働き始めたら、好きなときに好きなだけ休むのは難しいことですから。「学校を休みたい気持ちもわかるよ。自分も気が乗らない仕事のときは『行きたくないな〜』って思うし」と話すこともあります。

みなさんは子ども時代に「学校に行きたくない」と思う日はありましたか？　お休みの日は何をするのが楽しかったですか？　たまには、そういった思い出をお子さんに話してみてはいかがでしょうか。子どもは「そういう考え方もあるんだ」「自分に寄り添ってくれている」と安心し、心に余裕が生まれるのではないでしょうか。

第２章

不登校本格期の声がけ

不登校本格期

この時期の声がけのポイント

〝不登校本格期〟は、学校へ行かないことが当たり前になってきた時期です。

「学校へ行け」という親からのプレッシャーも減り、気持ちが落ち着いてきたように見える子もいますが、「落ち着いているように見えるだけ」というケースもあります。

「どうせ親に言ってもわかってもらえない」という思いから、気力がどんどん減り、同時に親への信頼も急降下を続けている場合も多いからです。

一方で、親とのコミュニケーションの糸口として、または「なんでわかってくれないんだ！」と感情のコントロールが利かなくなっていることから、「ねえねえ、私がこんなことしたらどうする？」と親を試したり、気持ちを爆発させて親の反応を見たり、「じゃあもう二度と学校へ行かない」と脅したり……などといった言動をとる子もいます。

不登校本格期の子どもの様子や言動はさまざまですが、根底には**「これ以上どうしたらいいかわからない」「自分の気持ちを理解してもらえない」という思いがある**ケースも多く、特に個人タイプの子どもに、その傾向が強いようです。それは決して悪いことではありません。子どもは子どもなりに、「なんとかしたい」「こうしたい」というモヤモヤと闘いながら、成長しようとしている状態だからです。

子どもがそういう状態だからこそ、親はより自己受容を深めていくことが大事な時期だといえるでしょう。

今までの自身の頑張りを認めた上で、「子どもは自分の思い通りにはならない」という現実を受け容れるよう意識してみてください。それができれば、自然とこれまで自身を縛り付けていた育児方法や子どもへの理想を手放すことができ、子どものありのままを受容できることにもつながります。

少しずつ子どもから親への信頼が回復してきたら、子どもの自立を見据えた家庭のルールを決めていけるといいですね。

CASE 5

「あのゲームがほしい」「髪を染めたい」などと要求してきたとき

この会話のポイント

そうなんだね、理由を聞かせてくれる？

「ゲームがほしい」くらいであれば予想できても、「髪を染めたい」「ピアスを開けたい」「タトゥーを入れたい」など、親からすると「学校に戻るときどうするの!?」と到底受け入れられない要求をしてくることもあります。特に個人タイプの子どもには、そういった傾向が見られます。

びっくりするような要求をされたとしても、基本はやはり「**そうなんだね**」と受け止め、その上で、理由を聞くようにしましょう。思わず言いたくなってしまうお気持ちはわかりますが、「とんでもない、ダメダメ！」といった頭ごなしの全否定の反応はNGとなります。

子どもからの理由は、単に「やりたいから」「そうしたいから」とひと言だけが返ってくるケースも多いでしょう。親御さんは「もっとちゃんと言ってほしい」と思うかもしれませんが、**本人としては至極率直な理由であり、本音であるものです。**

それなのに、「もっとちゃんと話して」と問い詰めると、子どもは「本音を言っても否定されちゃうんだ」と感じてしまいます。

また、子どもからの理由として、「みんなが持っているからほしい」「自分だけやなかったら仲間に入れない」というのもよく聞くと思います。そんなときに「よそはよそ、うちはうち」「みんなって言ってもあなたの周りの2〜3人でしょ」と認めないのはやはりNGです。お子さんにとっては、その2〜3人のコミュニティがとても重要ということもあります。**特に〝学校には行ってないけど、スマホなどで友達とはつながっている〟という場合、友達が学校との懸け橋になってくれる場合もあります。**

そこで流行っていることに自分は入れないというのは、とても寂しいことではないでしょうか。

子どもから理由を聞いた後に、「やっぱりそれは認められない」と親が考えている場合は、アイメッセージで「**私はそうしてほしくないと思ってるよ**」と伝えてみましょう。その場で急いで結論を出す必要はないと思いますが、「**遅かれ早かれ子どもを止めることはできなくなる**」ということを覚悟しておくことも大切かと思います。

家の手伝いや勉強をしてくれるならいいよ。できる範囲でいいから一緒にルールを考えてくれる？

「子どもの言うことを聞く代わりに交換条件を出すなんて、良くないのではないか」と思われる方もいるかもしれませんし、ケースにもよるのですが、どちらかというと私はそうすることをおすすめすることが多いです。というのも、社会に出れば「これだけ働いたから、これだけお金をもらえる」といったようにほとんどがルールと引き換えであり、すべてがトレードだからです。学校生活においても同じです。「給食を食べるために、順番にみんなで給食当番をする」「授業が終わったら、日直が黒板を消す」など、ルールに基づいた行動が求められますよね。

お子さんによっては「じゃあいらない！」と拒絶してしまうかもしれませんが、その場合は「**もちろん、できる範囲でいいよ**」「**〇〇ちゃんがルールを決めていいから、一緒に考えてみない**」と、**なるべく子どもの希望を叶えたいという親のスタンスを示しましょう。**

〝親子で一緒に、具体的なルールを決めていく〟ということも大事だと思います。子どもに発言権や裁量を与えることで、本人に「自分が決めたことだ」という責任感が生まれ、自分が言ったことを守ろうと行動するようになるからです。

親にできること

子どもが何かを要求してきたときに、基本的には私は認めていいと思います。「学校に行っていないのに遊んでるなんて、ゲームがほしいなんて、ダメに決まってるじゃない」と思ってしまう親御さんもいらっしゃいますが、学校が休みだからこそできることもたくさんあります（コラム1も読んでみてください）。

ただし、子どもの身に危険が及びそうなことであったり、タトゥーやピアスの傷など「やっぱり消したい」と思ったときに美容整形などの手間がかかったりするものは、**きちんとリスクを話したほうがいいとは思います。**

とはいえ、「どうしても」と主張する子どもはどうにもならなかったりします。例えば、どうしてもタトゥーを入れたい子どもは、自分でお金を工面するなりして、勝手に入れてしまうものです。そして大人になって美容整形で取った例も私は知っています。**結局、親ができることはアドバイスや交換条件を持ちかけるだけで、決めるの**

は子ども自身となります。

子どもの主張を聞き入れるときに交換条件を出す方法は、社会性を身につけるという意味でも非常に有効だと思います。単に主張を認めるだけでは、わがままを認めることと紙一重だからです。これまで「ありのままを受け容れましょう」とお伝えしてきましたが、「ありのまま」と「わがまま」は違います。

とはいえ、この時期は交換条件を出したり、ルールを決める際は、子どもの状態に配慮することが大事です。まったく気力がなかったり、落ち込みが激しかったりという状態のときは心の回復が最優先です。また、トレードの条件としては「ゲームは○時間まで」など子どもの行動を制限する内容ではなく、**勉強や家の手伝いなどひとり立ちしていくためにも役立つような行動を伴うものにすると、より良いと思います。**

ルールについてのポイントはP140～141も参考にしてみてください。

今野先生のひと言

この時期のルールは無理強いせず、心の回復を優先するように心がけましょう

CASE 6

「○○したら××する」と交渉や脅しをかけてきたとき

この会話のポイント

どれくらいで動画見終わるの？　区切りを決めないとね

子どもに声をかける想像をしながら、右のセリフを読み上げてみてください。あなたはどのような読み方をするでしょうか？

自己受容の深まり方によって、セリフのトーンは大きく変わってくることでしょう。子どものありのままを受け容れられるようになるほど、トーンは穏やかになります。そして、穏やかな感情と口調での声がけのほうが、子どもは応答しやすいものです。

とはいえ、**「区切りを決めよう」**という言葉は、子どもにとってはネガティブにしか感じられない提案ですので、返事をしないこともあるかもしれません。

そういった場合は、「聞こえてる!?」「ねえったら！」などと畳みかけることはせず、仕切り直しをしたほうが良さそうです。タイミングを改めて、**「いつまでも動画を見ているど、勉強やお手伝いの時間がなくなっちゃうんじゃないかと、私は心配なんだけど」**などと、アイメッセージで気持ちを伝えるようにしましょう。

あなたはそう思うのね……ただ、もしお母さんだって
あなたみたいにやりたいことしかやらなかったら……。
ご飯も作らない、買い物にも行かないってなったら困るでしょ

「そんなこと言うなら、勉強もしないし、手伝いもしない」という子どもの否定的な強い言葉に引っ張られて、「そんな脅しみたいなことを言って！」「じゃあ、やらなくていい！」と、売り言葉に買い言葉のようなやりとりになってしまうケースもありがちですが……なるべくならば、避けたいですよね。

親御さんからすると、子どもが脅しをかけてきている、交渉しようとしている、というように感じられるかもしれません。ですが、**子どもは子どもで、ただ「まだやめたくない」「もっとやりたい」という気持ちを表現したいだけ**という場合も十分あります。特に、不登校本格期は子どもの気力が底をついている状態のことも多いものです。そういった状況をおもんぱかることができれば、イライラを感じにくくなるかもしれません。

子どもがどのような反応をしたとしても、やはり大事なことは〝受け容れる〟こと

です。

〝納得する〟というニュアンスとは微妙に違い、〝受け容れる〟とは**「子どもはこう言っている」**という事実を、ただただ受け止めるイメージです。マンガの例でいうと**「あなたはそう思うのね」**にあたります。ここで一呼吸おいてもいいと思います。

いったん受け容れた上で、「勉強もしないし、手伝いもしない」という子どもの言葉に対して、**「私はどう思っているのだろう？」「私が困ることなのか？　子どもが困ることなのか？」**自身に問いかけると、より冷静になれるのではないでしょうか。

「私は動画を見続けて勉強ができなくなることを心配しているんだよ」「勉強もしない、お手伝いもしないってなったときに、本当に困るのはお母さんじゃなくて、あなたなんじゃないかって、私は思うんだけど」などと落ち着いてアイメッセージで伝えられるといいですね。

もちろん、マンガのようにスムーズに納得してくれる子どもばかりではないでしょう。「わかった」と言いつつ、また少ししたら同じことを繰り返すこともあるかもしれません。ただ、**こうしたちょっとしたコミュニケーションを積み重ねることも、この時期には意味があるのではないかと思います。**

親にできること

子どもからの交渉や脅しに対して、ネガティブに捉えすぎなくていいと思います。親からの言葉に対して衝動的に反応しているだけということもありますし、新しくルールを決めるきっかけになることもあります。

「もしこのまま学校に行かなかったらどうする？」などの問いかけに関しては**「そういうこともあるかもしれないね」「そういう可能性もあるってことだよね」**と受け容れた上で、**「私はこう思う」**と気持ちを伝えましょう。

「ゲームができないなら、勉強しない」といった交換条件に関しては**「そっか」「あなたはそう思うんだね」**と受け容れて、**「まったくしちゃダメと言っているわけじゃないから、ルールを決めてみない？」「やることをやるんだったらしてもいいんだよ」**と、お互いに歩み寄れるような提案ができるといいですね。

CASE5では〝ありのまま〟と〝わがまま〟の違いをお伝えしました。ありのままを受け容れることとわがままを何でも認めることは違います。**わがままを何でも認めることで子どもは「家は居心地がいい」「何でも言うことを聞いてくれる」**と考え、

そのまま引きこもりやニートとなって問題が長引いてしまうケースも多いからです。

私自身、カウンセリングの現場でそうした実例を数多く見てきました。

そういった状態を避けるためにも、また、子どもがいずれ自立した人間として成長していくためにも、ルールや責任を課すことが大切だと思います。もちろん、子どもの状態にもよるので、子どもにエネルギーや気力が戻ってきたら、家での役割やルールを決めて、少しずつ実社会へ出るための練習をしていけるといいですね。

親を試すというのは、不登校中の子どもにはよくあることです。わざと親が困るようなことを言って反応をみる子どももいます。許容範囲であれば許可していいですし、ダメな場合でもお互いに譲歩し合って、落としどころを見つけることは、社会勉強にもつながるでしょう。

今野先生のひと言

親と子どもで、どちらの立場が「上か」「下か」ではなく、対等な立場で話せるといいですね

CASE 7

子どもが物を壊したり、自分を傷つけたりするようになってきたとき

この会話のポイント

大丈夫？　こんなになっちゃうくらいあなたは苦しいんだね

大声で叫んだり、物を壊したり、自傷行為をしていたり。実はこの時期の子どもにはわりとよく見られる行動だったりします。

マンガのように落ち着いて「**大丈夫？**」と言えればベストかもしれませんが、特に初めてこうした行為を目の当たりにした場合には、到底冷静ではいられませんよね。「何やってるの！」「やめなさい！」と声を荒げてしまうのもよくわかります。

自傷行為の場合は特に、「死んじゃったらどうするの！」「傷が残っちゃうでしょ！」といった反応をしがちです。ですが、子どもからすると「そんなことわかってるよ」「そっちがここまで追い込んだんでしょう？」、あるいは「してやったり」というようなことを思っていることも多いです。

その場は力ずくでやめさせられるとしても、また子どもが繰り返すケースも少なくありません。やはり、大事なことは受容なのです。

まずはいったん、深呼吸を。数回ゆっくり繰り返すことで、副交感神経が優位になって気持ちは落ち着いてきます。

自身のショックが収まってきたら、子どもに寄り添い、また自身にも言い聞かせるように**「こんなに苦しいんだね」**と受け止める言葉をかけられるといいですね。

うまく話せなくてもいいから、気持ちを聞かせてもらえる？

「あなたのことを心配しているよ」という気持ちを子どもに示すためにも、大事な言葉となります。

もちろん、「うるせえ！」「ほっといてよ！」と返ってくるケースもよくあります。その場合は深追いせず、**「心に余裕があるときに聞かせてね」**というひと言をかけられたらいいと思います。

「どうせ言ったって、わかってくれないでしょ！」と返ってきた場合は、子どもからのメッセージだととらえるようにしてください。「今まで何回も話そうとしたけれど、理解してくれなかった」という蓄積された苦しみがあらわれている言葉だからです。親御さんとしては、そんなつもりはないかもしれません。ですが、「途中で遮られた、否定された、受け流された」という記憶があるからこそ、このような言葉が出てくるのでしょう。私自身も含め、そういった経験をもつ子どもは非常に多いです。

今度こそ、最後まで黙って話を聞き切ってください。親御さんには納得いかない内容や主張に感じる部分もあるかもしれませんが、ここでは〝子どもの気持ち〟として受け容れるように心がけることが大事です。

思いを吐き出すことができれば、子ども自身の気持ちはスッキリするでしょう。また、「最後まで自分の話を聞いてくれた」という事実は、親への信頼を取り戻すきっかけにもなるかと思います。

親にできること

本章の冒頭でもお伝えしましたが、この時期の子どもは「どうしたらいいかわからない」「自分の気持ちを理解してもらえない」といった気持ちと闘っており、非常に苦しんでいる状態にあります。今まで親の言うことを比較的よく聞いていた集団タイプの子でも、親の言いつけや価値観がどんどん積み重なり、重荷となって苦しむこともあります。そうした整理のつかない感情が爆発して破壊や自傷という行動にあらわれるケースも、よく見られます。単に感情を爆発させているケースもあれば、「親を困らせたい」「暴れることで親に言うことをきかせたい」という意図があるケースもあります。私もカウンセリングの現場で、破壊や自傷行為をする子どもをたくさん見てきました。

心の中のモヤモヤが収まらなかったり、怒りの感情を相手にアピールするために、ドアをバーンと閉めたり、教科書を床に投げつけたりすることは、実は不登校にかかわらず、思春期の子どもにはよくあることです。

破壊や自傷は、そうした行動の程度が激しくなった状態であるといえます。学校に行けない負い目や、また学校に戻らなくてはいけないというプレッシャーから、徐々に行動がエスカレートしていくこともあります。そんなとき、**「やめなさい！」と叱っても、子どもの心は傷ついてしまいます。**

「つらいね」「痛いね」「どうしたらいいのかわからないんだね」と寄り添い、あまりにひどい場合は病院や自治体に相談することを検討してもいいと思います。自殺未遂や、家庭内暴力になる前に、専門知識をもったプロに頼ることが解決の近道になる場合もあるということを、知っておいてください。

もちろん、破壊や自傷行動がない子もたくさんいますが、**「あり得ること」**として心に留めておくと、いざというときの心構えになるかと思います。

もしかしたら、この本を読んでいるあなたも、10代の頃にイライラして物に当たったり、自分を叩いてしまったりといった経験があるかもしれませんね。そんなとき、あなたは、親からどんな対応をされましたか？　本当はどんな対応をしてほしかったですか？

当時の自身の様子や心の状態を思い起こすと、より落ち着いて対応できるかもしれません。

今野先生のひと言

「こんなことをするなんて」と悲観するのではなく、「そんな時期がきたんだな」と受け容れることで、親御さんも冷静になれます

CASE 8

ゲームやスマホをずっと見ているとき

今日はずっとスマホを見てる気がするけど、何を見てるの？
この人のYouTubeチャンネルだよ
へえ、これのどんなところが楽しいの？
このクイズのね、問題がすごくヘンなのに、答えがわかると面白いの！
そうなんだ！一緒に見てもいい？
テレビ画面で見ようか？
いいよ

この会話のポイント

今日はずっとスマホを見てる気がするけど、何を見てるの？

CASE5や6では、子どもの要求と引き換えに子どもと一緒にルールを決めるご提案をしました。それさえ守っているのであれば、たとえほかの時間をスマホやゲームなどに費やしているとしても、私は問題ないのではないかと思います。

「ずっとスマホを見ている」というありのままの光景を受容し、穏やかな口調で尋ねられるといいですね。

「目が悪くなる」「脳に悪い」「将来に響く」といった理由があるから、「1日中見てほしくない」という意見もよく耳にします。

ですが、その〝理由〟は事実でしょうか。

私が子どもの頃もよく、「テレビゲームばかりやっているとゲーム脳になってバカになる」と言われたものです。少し前も〝スマホ脳〟という概念が注目されました。

ですが私自身は、ゲームが脳に悪影響を与えたとは思っていません。むしろゲームによって興味の幅が広がったり、攻略をするために頭を使ったり、「勉強が終わったらゲームをする」というようなモチベーションにつながったり、といったメリットもあるのです。

〝確証バイアス〟という心理用語があるように、人は自分に都合のいい情報ばかりを無意識に集めてしまうものです。特にスマホやPCから情報を得ることが多いと、その傾向が強まります。そうした機器には、閲覧した情報と類似した情報を表示するアルゴリズムがあるからです。結果、物事に対する偏った思い込みはどんどん強くなってしまいます。

親の思い込みが子どもへの押しつけにならないよう、フラットな視点で会話ができるといいですね。

へえ、これのどんなところが楽しいの？

「どんなところが楽しいの？」という問いかけに、「全部」「何となく」と返答されたとしたら、「話しても今まで理解されなかったから」と子どもが思っているからかもしれません。「何となくって、どういう意味よ」などと深追いせず、今後の会話で傾聴や受容を意識していけるといいと思います。

ポルノや暴力など、親としては見てほしくない内容に興味をもっていることもあるかと思います。そういった場合はアイメッセージで「**私は、そういうのは見てほしくないな**」という言い方だと伝わりやすいです。ただし、それを子どもが聞き入れるかどうかは別です。また、**倫理的に悪とされるものに興味をもったとしても、子どもがそれをどうとらえ、どう感じるかも、別の話になります。**

どちらにしても「子どもと自分は別人格」と割り切って、「どんなところが面白いの？」と寄り添うことを意識したほうが、発展的な会話にはなりやすいでしょう。

そうなんだ！　一緒に見てもいい？

たとえ、「やだよ」と言われたとしても、それもひとつのコミュニケーションのかたちです。「**じゃあ、お母さんは自分のスマホで見ようっと**」といった対応をとればいいだけ。子どもの好きなものに興味をもつこと自体が、素敵なことだと思います。

学校に行かないことで親子の会話が少なくなってしまったり、面と向かうとぎこちなくなってしまうのであれば、一緒にタブレットやテレビを見ながら話してもいいかもしれません。**〝目線を合わせないコミュニケーション〟〝コンテンツを介したコミュニケーション〟であれば、自然な会話ができそうです。**

親にできること

子どもが毎日家にいるこの時期は、子どもの好きなこと、興味があることを探す時期と考えてもいいかもしれません。

「一緒に探していこう！」と張り切る必要はありません。子どもは本来、好奇心に溢れているものです。普段どんなコンテンツを見たり、どんなゲームをしたり、どんな本を読んだりしているのかなどを、うっとうしがられない程度に気を配り、できれば一緒に楽しみながら、「好き」「興味」の〝種〟が育つのを見守れるといいですね。

もちろん、「くだらない」「面白くない」「将来の役に立たない」などと子どもの興味を否定しないことも大事です。そう感じるのは、あなたやあなたの時代の価値観にすぎないからです。

子どもたちはこの先の新しい時代を生きていきます。彼らなりの感性とアンテナを磨きながら、「好き」「興味」を将来につなげていくことが大事になるでしょう。

「自分の価値観は古い」と受け容れた上で、**「今はこういうものがウケる時代なのか」「こういう価値観が広まっているのか」**とポジティブな姿勢で向き合えるといいですね。それは親御さん自身が、この先の時代を楽しんでいけることにもつながると思います。

〝不登校本格期〟の子どもは楽しくてスマホやゲームをしているわけではなく、現実逃避的に没頭している場合もあります。無理やりやめさせるのではなく、まずはお子さんの興味に寄り添ってみてください。

今野先生のひと言

お子さんの好きなこと、興味があることを知っておくと、CASE12 親子の会話を増やしたいとき（132ページ）にも役立ちます

CASE 9

オンラインゲームにはまっているとき

この会話のポイント

学校に行かない間、（協力プレイ型）オンラインゲームはしないでほしいなって（私は思うんだけど、どうかな？）

私は学校を休んでいる場合でも、やることをやるならゲームは好きにやっていいと考えています。けれども、不登校中の協力プレイ型オンラインゲーム（オンラインで他人とつながり、協力プレイをする仕様のゲーム）はあまりおすすめしません。

協力プレイ型オンラインゲームはSNSと同じで、直接会ったことのない人とオンライン上でつながることで、子どもが危険な目に遭ってしまったケースもあります。

また、**平日昼間のオンラインゲームは、平日休みの大人だけでなく、不登校の子どもが利用していたり、悪い大人が、不登校の子どもを装って利用していたりする場合もあります。**そこで「学校なんか行かなくていい」「親はうざいから無視」「深夜にまた集合ね」「オフ会もしようよ」などと盛り上がってしまう可能性もあるのです。

ただ、このマンガのように、もう既にオンラインゲームをやっていて、不登校中でも学校の友達とつながっている場合もありますよね。また、「気持ち的に直接は会えないけれど、オンラインゲーム上ではクラスメイトと会えるし話せる」といった心境のお子さんが、**オンラインゲームがきっかけで友人関係を取り戻し、学校へ復学したケースも私は知っています。**無理にやめさせるよりもお互いに守りやすいようなルールを決めて、コミュニケーションをとりやすくしましょう。

そしたら安全に遊べるようなルールを決めてもいい？

基本的に家庭内のルールについては、お子さんが「それならできる」「これならやってもいい」と言ったものを採用していいと思います。ただし、協力プレイ型オンラインゲームのルールについては親御さん側から条件を提示するのをおすすめします。

その場合、「オンラインゲームのアカウントは誰かが偽っているかもしれないこと」「知らない人とつながると犯罪に巻き込まれる可能性があること」「子どもが『ヤバい』と感じたときには、既に弱みを握られ、支配されて、親にも相談できない、そんな危険もあること」をお子さんとよく話し合ってみてください。

このルールは、お子さんがオンラインゲームに興味を抱いているなら、親子のコミュニケーションがとれるうちに、なるべく早く設けるのがいいと思います。

【協力プレイ型オンラインゲームのルール例】

①学校がある時間や、夜23時以降にオンラインゲームはしない
②基本的にオンラインゲームでつながったゲーム上だけの知り合いとは直接会わない。どうしても会いたいときは、ゲームアカウントやSNS、LINEなどでのやり取りをスクリーンショットなどでもいいので親と共有し、会う前にもいつ・どこで会うのか、親に伝えておく
③少しでも「この人変なこと言ってる」と思ったら親に相談する

親にできること

協力プレイ型オンラインゲームもSNSも、若い年代にとっては一般的なコミュニケーションツールになっており、メールやLINEと同じ感覚で使っている場合がほとんどです。

そのため、極端に警戒をしすぎる必要はありませんが、親御さんが心配してしまうお気持ちもわかります。

今の時代はただ〝ゲーム〟といっても、ソフトを購入するだけで完結するもの、オンラインで次々有料の追加コンテンツが出るもの、最初のダウンロードは無料でもゲームを進めるために課金が必要なもの、ゲーム上で他者とコミュニケーションが取れるもの・取れないもの、さまざまあります。

ゲームを恐れすぎず、かといって何の知識もないまま好き放題させてしまうのでもなく、親御さんがある程度の知識を身につけておいた上で、対応や話し合いをすると良いのではないかと私は感じています。

まずは、お子さんが好きなゲームはどんなゲームなのか、SNSは何をやっているのかといった、お子さんが興味をもっていること、それのメリットやリスクについて、親御さん自身で調べたり、お子さんから聞いたりして、親御さんも知識をつけていただきたいです。

お子さんからなぜそのルールが必要なのか、聞かれたときに役に立ちます。もし、無理に取り上げると、お子さんの世界をひとつ消してしまうことになってしまうかもしれません。

また無理やり取り上げたり、話し合いをすることなくネットを切って、ゲームをできなくしてしまった結果、お子さんが大暴れしたり一切何も話してくれなくなったり、心を閉ざすようになってしまったケースも私はたくさん知っています。ですから親御さんもゲームの名前をネット検索をするなどして、知識を身につけ、仕組みを理解することをおすすめします。

正しく知識をつけることで好き放題させたり、恐れすぎたりすることもなくなってコミュニケーションの幅も広がっていくでしょう。**お子さん自身がルールを守れるようになり、何かあったときにすぐに親に相談するのであれば、ゲーム自体はさほど問題ではなくなるはずです。**

今野先生のひと言

知識をつけるといっても、何時間もかけてマスターする必要はありません。まずはお子さんにどんなところが面白いのか聞いてみるところから始めてみませんか？

COLUMN

2

子どもと
大人について話してみる

子ども時代の私は、大人になることがとてもイヤでした。周りの大人たちが仕事でストレスをため、休日も疲れ切っている姿を見て、夢がもてなかったからです。また、私自身も不登校で自己否定の塊となっていましたので、社会に出る自信もありませんでした。

ですが大人になった今は、心の底から「大人になって良かった！」と感じています。子どもの頃とは比べものにならないくらい自由ですし、自分が責任さえとれば何でもできるからです。ですから、当時の私のように大人になることに不安を感じている子に対しては、「大人になるって楽しいよ！」と伝えています。「自分でお金を稼いで、自分の好きなモノを買えるんだよ」と言うと、目を輝かせる子が大変多いです！

親御さんはお子さんに、もっと自分たちが楽しんでいる姿を見せてもいいのではないでしょうか。「子どもがつらい時期に、自分だけ」と思う気持ちもわかりますが、大人が趣味を、人との交流を、人生を楽しんでいる姿は、子どもにとっての将来の希望につながると思います。

第3章

落ち着き期の声がけ

落ち着き期

この時期の声がけのポイント

親の自己受容が深まり、「**今は無理やり学校に行かせなくても大丈夫**」「**今は子どもを一歩引いて見守り、自分が子どもから自立する時期だ**」と思えるようになると、子どもも自己受容が深まってゆき、気持ちが落ち着いてきます。〝落ち着き期〟は親への反抗が一段落したり、親への信頼が回復してきたりする時期でもあります（ここで再び意見を押しつけるようなことをすると、また逆戻りしてしまいます）。

子ども自身の気力が少しずつ回復してくると、例えばゲームやスマホに没頭する場合でも、現実逃避というよりは「楽しむ」という気持ちが強まってきます。「○○に行ってみたい」「××が気になるんだけど」と言ってきたら、「**一緒に行ってみようか**」「**一緒に調べてみようか**」など、誘ってみてもいいかもしれませんね。

一方で、自分の興味対象などに親が関わってほしくないタイプの子どももいます。

その場合は、無理に一緒に楽しもうとしなくてもいいでしょう。**「○時までには帰って来てね」「面白いトピックスがあったら、私にも教えてね」**など過保護にならないよう、適度な距離を保つようにしてみてください。

子どもの気持ちに寄り添い、行動を後押しする言動をとることで、子どもも安心して新しいことに取り組めると思います。

この時期は自分のやりたいことや今後についても、少しずつ考えられるようになってくる時期でもあります。

徐々に子どもの自立を促すためにも、**「仕事で朝早く出なきゃならないときは、洗濯物を干しておいてほしいんだけど、どうかな?」「前みたいに『おはよう』『おやすみ』くらいの挨拶はしてほしいな」**などと伝えてみてはいかがでしょうか。

同時に、勉強や将来のことについても少しずつ話していけるといいかもしれないですね。なるべく親自身の気持ちがフラットで、子どもの機嫌もいいときに話しかけるようにすると、スムーズに会話ができると思います。

CASE 10

学校に行かなくても勉強はしてほしいとき

この会話のポイント

今後のことや学校の勉強について どう考えているか気持ちを教えてもらえる？

気持ちが落ち着き、少しずつ気力が回復してきた子どもは「この先のこと」が頭をよぎるようになります。

「今のままっていうわけにもいかないけれど、今さら学校に戻っても、クラスでうまくやっていけるのか……」「勉強もついていけないだろうし……」「今のまま毎日暮らせたらラクなのになあ」と、**将来と現状との狭間で心が揺れ動き始めるのです。**子どもも自身が「変わらなきゃ」と考えているケースもあります。

お子さんの様子が落ち着いているときに、フラットに右のように話しかけてみてもいいですね。

こうした時期の声がけにおいてＮＧ例のひとつは「学校へ行かなくても勉強だけはちゃんとしないと、同級生に置いていかれるよ」といったもの。

特に集団タイプの子どもは、「同級生から外れているから、自分はダメだ」という意味だと受け取ってしまいがちです。

やることないなら学校に戻ってもいいと思うよ。まずは授業に合わせた勉強をしてみるっていうのはどうかな？

「学校に戻ってもいいと思うよ」というセリフを言うときは、注意が必要です。子どもの気持ちが回復に向かうと同時に、親御さん自身の自己受容が深まり、子どもから精神的に自立した上でのセリフならば、いいと思います。**「あくまで子どもの将来へ向けた選択肢のひとつ」**として提示しているからです。

アイメッセージで伝えていても、「本心では学校へ戻ってほしい」という親の思いが潜んでいると、子どもはそのことを敏感に察知します。そして「どうせ世間体が悪いからだ」などと考え、親子関係も逆戻りしかねません。

マンガでは子どもも「勉強はしておこうかな」と同意しており、少々理想的すぎる会話に思えるかもしれませんね。あくまで人それぞれですが、「やっぱり高校（大学）くらいは出ておきたいな」など、勉強しなければいけない理由や将来の目標がある子どもの場合は、主体的にやるようになる場合も多いものです。「勉強しよう」と考える子は、決して少なくはありません。

私自身もそうでした。中学生のときから不登校になりましたが、学びたいことをするために高卒認定（高等学校卒業程度認定）が必要になったときや、バイクの免許を取りたいと思ったときは、熱があって体がつらいときでも必死に勉強した記憶があります。

ぜひ、子どものやる気の〝芽〟にも気を配ってみてください。見つけたら、無理強いするのではなく、穏やかな提案で、子どもの一歩を後押しできたら素晴らしいですよね。

親にできること

私は「学校へ通うようになることだけが不登校の解決ではない」と考えていますが、決して復学を否定しているわけではありません。

「学校に戻りたい」と思う子に対してはもちろん背中を押しますし、「学校に戻る気はないが、やりたいことも別にない」という子に対しては、復学を勧めるケースもあります。

もっといえば、**やることがないのであれば、（子どもの気力が戻った後は）学校やフリースクールに行くという選択でいいと考えています。**

突き詰めたい目標や夢がないのであれば、乗れるレールには乗ってもいいのではないか、わざわざレールから外れる必要もないのでは、と思うからです。

実際に社会へ出れば、やりたいことがあってもなくても、ご飯を食べていくためにやらなくてはいけないことがあります。自立するためのトレーニングという意味でも、特に義務教育の期間においては、勉強なり社会のルールなり、さらにいえば社会の理不尽さまでをも学べる学校という場は役に立つと思っています。

落ち着き期になり、子どもの気力も戻り、親子関係もある程度回復してきた。とても素晴らしい歩みです。

ただし、このステップで止まってしまうケースも、残念ながら少なくありません。親が子どもの自立を促さないことで、そのまま10年、20年とニート状態が続くケースです。

子どもがニートになってしまう原因は、親が子どもを腫れ物扱いし、「子どもがた

だ家に居続けることを許す」ことにあります。

そうならないためにも気力が戻った子どもに対しては、中学生までならば復学やフリースクール、高校生以上であればアルバイト・予備校・自分の夢などを追わせるなどして、自立への道を促すのも大切かと思います。

もちろん、学校に行くか・行かないか、合うか・合わないかはお子さんの気質にもよるので、必ずしも復学を勧めるわけではありません。ただ、勉強でいうと〝手に職をつける〟という観点で、資格試験や専門学校の試験の勉強という選択肢を提示するのも有効です。将来、その進路に就くかどうかはさておき、小学生であるにもかかわらず、気象予報士の試験に合格したという人もいます。どういったものが子どもにとって勉強なのか、CASE11でも考えてみましょう。

今野先生のひと言

勉強をするか・しないかは〝子どもの問題〟と思えたら、子どもが勉強しないからといって親がイライラ・モヤモヤすることはなくなるのではないでしょうか？

CASE 11

「勉強って何の意味があるの？」と聞かれたとき

この会話のポイント

何の意味があるんだろうね

なんで勉強しなくちゃいけないんだろう？　子どもの頃に考えたことがないという人のほうが少ないでしょうし、大人になった今も明確に答えられない人のほうが多いのではないでしょうか。

もちろん、**「学校でたくさん勉強したから、今こうなれたんだよ」**という経験があれば、その話をしてあげればいいでしょう。明確に答えられなくても、**「何の意味があるんだろうね？」**と受け止めてから、一緒に考えてもいいと思います。

その結果というよりも、努力することを知ってるってことがスゴイなって思うよ

これはカウンセリングの現場で子どもに同じように聞かれたときの、私の答えです。

「高学歴の人やスポーツで結果を出した人を、僕はすごく尊敬している」と答えた上

で、理由をこう続けました。

「イヤなことやつらいことから逃げずに、一つひとつ努力して積み上げてきたからこそ、その人たちは学歴や結果につながった。僕は大人になってから努力するようになったから、子どもや10代のうちからずっと努力し続けている人たちをすごく尊敬する」。そう語ると、その子はすごくふに落ちた様子でした。

勉強する意味の本筋とはそれる答えかもしれませんが、勉強に取り組む姿勢、勉強で得られる結果、人生に必要なスキルなどを絡めて話をしてみてもいいかもしれませんね。

必要になったらやるのが勉強

「必要になったらやるのが勉強」「学校の勉強だけが勉強ではない」。大人になってからこう実感されている方も、多いのではないでしょうか。

「学び直し」「リスキリング」なども流行っていますが、学生時代には意味を見出せなくても、大人になってから自発的に学び始める人は多いものです。

「じゃあ、私はまだ必要じゃないから勉強しなくていいの？」と返されることもあります。

そういう場合、私は「そうだね」と受け止めた上で、「だけど、必要なことは勉強しないとね」と伝えています。

先日、野球のアプリが大好きで、野球選手に非常に詳しい不登校の男の子と話をしました。「今の時代、そういうアプリをつくるプログラマーの仕事もあるから、そういう勉強をしてみたら？」と伝えると、とても目を輝かせていたのが印象に残っています。

親にできること

「学校の勉強だけが勉強ではない」「勉強は必要になったらやるもの」と実感していても、子どもに対しては違う考えをする親御さんは非常に多いと感じます。「将来やりたい職業ができたときに、学歴がなくて困るのでは？」という相談をたくさん受けますし、私自身も規範意識の強い親から同じような心配をされてきました。

結論からいうと、私自身は困ることはまったくありませんでした。高卒認定資格を取ってから大学で勉強もしましたし、留学もしました。現在も、カウンセリングをはじめとするさまざまな仕事でしっかりご飯を食べられています。人から見ればずいぶん回り道をしてきたと感じられるかもしれませんが、その道々ではたくさんのことを学ぶことができました。

ましてや、昨今はＡＩの登場により「10年後に当たり前となっている仕事の多くが、現時点ではまだない仕事」ともいわれています。〝勉強〟がもつ意味も、これから大きく変わってくるはずです。

そういう意味でも、**子どもと一緒に「勉強の意味」や「どういうことが勉強なのか」を考えたり、話したりする時間をもつことは、とても意義深いと思います。**学校の勉強が社会に出て役に立っている人もいれば、役に立っていない人もいるでしょう。その上で、学校の勉強にはどんな意味があったのかを大人になって考えることは、親御さん自身にとっても意味があると思います。

「たとえば、本を読む前と読んだ後では、ちがう自分になっています。物事を知る前と後で、ものの見え方が変わる。それが学んだ意味です」（『なんで勉強するんだろ

う?』齋藤孝・著　幻冬舎)

「社会のルールってやつはすべて頭のいいやつが作っている。それはつまりどういうことか……そのルールは頭のいいやつに都合のいいように作られてるんだ」〜「いいか!　賢いやつはだまされずに得して勝つ。バカはだまされて損して負ける。だまされたくなかったら……損して負けたくなかったら」「お前ら……勉強しろ」(『ドラゴン桜　①』三田紀房・著　講談社　桜木建二のセリフ)

少しネット検索するだけでも、勉強に関する多くの有名人の考えに触れることができます。興味深い言葉や考え方をピックアップしながら、お子さんと一緒に感想を語り合うことも、楽しい時間となりそうです。

今野先生のひと言

お子さんが勉強しないことでイライラしてしまう親御さんは、もしかしたらご自身が幼少期に、親から叱られながら勉強をしていた、というケースもあると思います。そんなときこそ「子どもは子ども、自分は自分」と考えてみてください

CASE 12

親子の会話を増やしたいとき

この会話のポイント

あなたがはまってるプログラミングについて教えてほしいな

落ち着き期になって子どもの気持ちが安定し、必要最低限の会話はできるようになり、親御さんとしては「もう少し自然な会話や雑談もできるようになりたいな」と思う時期かもしれません。

そんなときの会話の糸口としては、子どもが好きなこと、興味をもつ事柄について語りかけることが有効かと思います。

私もカウンセリングで初めてのお子さんに会うときは、事前に親御さんからその子の好きなことや性格の傾向性、普段話している発言などを聞くようにしています。ゲーム好きな子であれば、好きなジャンルや具体的なゲーム名なども聞いて下調べをし、その話題から会話を始めたりすることで初対面であっても円滑に話ができることも多いです。

寡黙であっても、自分が好きなことや興味のある話題についてはよく喋るようにな

り、そこから次第に心を開いてくれる子どもはとても多いです。

たとえそれが親御さんにとって興味がもてない〝対象〟だとしても、興味をもって〝話を聞く姿勢〟さえあれば、イキイキとした言葉の数々がお子さんから聞けることと思います。

知り合いでプログラミングに詳しい人を連れてきたよ

子どもの興味に付き合えなくても、別の方法はあります。右に挙げたセリフは、私がカウンセリングを行ったご家庭のエピソードに基づいています。

そのお子さんは宇宙に興味をもっており、専門書までを読みこなすほどでした。最初は興味をもって聞こうとしていたお母さんも、あまりにわからない単語や理論ばかりで、聞くだけでものすごく疲れてしまうと悩んでいました。

そんなとき、知り合いにたまたま宇宙に詳しい人がいたことを思い出し、子どもに引き合わせたのです。ふたりの会話はカチッとはまり、子どももとても喜び、さらに、その人を紹介してくれたお母さんに対しても、「すごい人と友達なんだね」と尊敬の念を抱くようになり、親子関係も良好になっていった、とのことでした。

子どもの興味にはまるような第三者を見つけて引き合わせることは難しいかもしれませんが、それについて書かれた本やコンテンツを探すといったやり方で、子どもの興味に寄り添うことはできます。

子どもも「親は自分をわかろうとしてくれている」と感じるでしょうし、子どもの「好き」をさらに伸ばす結果にもつながると思います。

親にできること

子どもの好きなことについて話すというのは、子どもの元気がなさそうなときにも有効です。好きなことを話して、気持ちが落ち着いた頃に「実は……」と悩みを打ち明けてくれることもあります。ストレートに**「元気なさそうだけど、何かあった?」**と聞くのもOKです。そのときに、「別に」と返されることもあるでしょうが、**「じゃあ、話せるようになったら話してね」**と寄り添う気持ちを見せることで、言葉にはしなくても子どもは安心感を覚えることも多いものです。

親子の会話を増やすには、環境を変えてみることもひとつの方法です。

カウンセリングをしているご家庭の中にも、

「娘が好きなアイドルのコンサートに一緒に行った。会場へ向かう電車の中で、久しぶりに会話ができた」

「息子は普段まったく喋らないが、大好きなラーメンを食べに行くときだけは話をしてくれる。それが嬉しくて、週に何回もラーメンを食べに行ってしまう」

といったエピソードを話してくださる方もいます。

「久しぶりに焼肉でも食べに行かない？」「近所においしいジェラート屋さんができたんだって。一緒に行ってみない？」など、親御さん自身の楽しみも兼ねて、一緒に外出してみてもいいかもしれませんね。

「子どもの好きなこと＋環境を変える」ができればベストかもしれませんが、ちょっと外に出るだけでも気持ちが晴れることは多いものです。家の中とは違う空気が流れ、家の中とは違う景色のため、自然と気分転換になるからです。

特に、朝起きてすぐに太陽の光を浴びると、セロトニンが分泌されるのでおすすめです。セロトニンとは体を活性化させ、元気に活動させてくれるホルモンです。同時に、憂鬱《ゆううつ》で不安な気持ちを和らげ、幸福感や安心感をもたらす効果もあります。

朝イチの親子での散歩などは1日のスタートとしても良さそうですが、人目が気になるお子さんの場合は難しいかもしれません。であれば、夜の散歩はいかがでしょう。ちょっとしたワクワク感も味わえそうです。

親子の会話がポツポツと途切れ途切れだったとしても、親の問いかけに子どもが無言だったとしても、屋外の開放的な雰囲気のおかげで、それほど気にならずにいられそうです。

今野先生のひと言

〝落ち着き期〟はまだ楽しく話せるほど心が回復していない可能性もあります。無理に会話をしようとせず、お子さんを見守ることも大切です

CASE 13

子どもがルールを守らなかったとき

この会話のポイント

あの課題が終わってからゲームをするっていうルールじゃなかったっけ？

CASE5や6では、「子どもの要求を聞き入れるのと引き換えに、一緒に決めたルールを課すことも大事」とお伝えしました。今回は、そのルールが守られなかったケースについてです。これは不登校にかかわらず、子育て中にはよくあることでしょう。

子どもに気力が戻っており、ルールを親子で一緒に決めたのであれば、「**ルールを守れていないよ**」と伝えることは、むしろ大事だと思います。

いきなり怒鳴ったり叱ったりせず、あくまで「**事実をそのまま言っている**」というスタンスで、フラットに伝えるようにしましょう。

ルールが守れるまで、ゲームはダメだよ
ルールを守れるまで返さないからね

その時々にもよりますし、状況に合わせて柔軟に対応する必要は出てきますが、決めたルールを守れないのであれば、ゲームを取り上げるなり、Ｗｉ‐Ｆｉを切るなりといった対策をとることも、ときとして必要となってきます。実社会に出れば、すべてルールに基づいて物事が成り立っているからです。

そうしなければならない理由やお子さんの決めたルールについて確認をした上で、一時的にゲームを禁止するというのは、〝子どもがルールを守らなかったとき〟という意味では有効です。ただし、口調まで厳しくする必要はありません。あくまでフラットに、落ち着いてきちんと理由を伝えることを目的とした話し方を意識できるといいと思います。ＣＡＳＥ５や６でもお伝えしましたが〝ルール〟についてのポイントを改めてお伝えします。

①家の手伝いや勉強など、子どもの具体的な行動を伴う、できれば自立していく際に

必要なスキルを伸ばせるようなルールにする

②「ゲームは1日○時間まで」など、子どもの要求事項について時間制限を設けるだけのルールにしない

③「(具体的な子どもの行動を伴う)ルールを守ること」が大事。それさえクリアすれば、行動などについての制限なども必要ない

例えば「ゲームは1時間まで」と決めたところで、子どもはなかなか守れないものです。親が仕事をしている間や寝ている間など、親の目を盗んでこっそりやるものだからです。実際に、私自身も子どもの頃そうでした。

一方で、実社会では「平日は働いて、土日はずっとゲーム三昧」というビジネスパーソンも珍しくありませんし、そうした行動が誰かにとがめられることもありません。やることをやっていれば、プライベートはどう過ごそうが自由だからです。

ただし、「やることをやる」というのが大前提なので、「家の手伝いをする」「この課題をやる」「(高校生であれば)アルバイトをやる」といった子どもにも具体的な行動を伴うルールにする必要があるのだと思います。

子どもの行動を促すには、気力が戻ってきたこの時期がチャンスです。逆に何もやることがないと、子どもが自立する道は遠のくばかりでしょう。**「これから生きていくためにも」「いずれは自立しなくてはいけないわけだから」**のような言い方で、子どもが自発的に決め、守り続けられるようなルールがつくれるといいですね。

親にできること

気力がどんどんなくなっていくなかで自分なりに葛藤し、不安や怒りやもどかしさなどと折り合いをつけようともがいてきた時期を経て、徐々に平静を取り戻してきたこの時期は、少しずつ自立心が芽生える時期でもあります。その兆しを見つけ、大事に育むことも、このタイミングで親にできることのひとつです。

子どもとしては「そろそろ動きたい」という意欲をもちつつも、それ以上に「これまでずっと家にいたから」「今さらちゃんとした生活に戻れるか」といった不安も感じているものです。

そこで無理やり「こうしろ」「ああしろ」と仕向ける必要はないとはいえ、「もうちょっと様子を見ようか」と足止めさせてしまうことで、そのまま引きこもりやニートになってしまうケースも少なくありません。

「そんな難しい！」と思われるかもしれませんが、少しずつ社会に出る練習を始められるといいですね。

興味のある、または子ども自身が必要だと感じる勉強を始めてもいいでしょう。なるべく自分のことは自分でさせたり、家の手伝いをさせたりすることも大切です。**〝社会はすべてルールとのトレードである〟という仕組みを意識させることにもつながるからです。**

同時に、少しずつ生活リズムも整えていけるといいですね。

急がなくても大丈夫。子どもの様子を見ながら、一歩ずつでいいのです。

今野先生のひと言

お子さんが自分で決めたルールを守れないときは、親御さんは「守らせる」のではなく、「より守りやすいルールとは何か」をお子さんと話してみてください

COLUMN

3

子どもとお金について話してみる

日本ではまだ子どもにお金の話をすることをタブー視する面もありますが、私は多くのご家庭を見てきた経験からきちんと話すことは大事だと考えています。資本主義では社会の仕組みがお金と直結している側面が大きいからです。「今乗っているクルマは○万円で、それは○○の仕事を○時間やれば買える」など身近な例で話すと、小さな子にもお金の価値や働く意味などが伝わりやすいのではないでしょうか。

子どもがしょっちゅう家の財布からお金を盗んでいたが、親が「うちの収入は○万円で、毎月○万円使うから、あなたが勝手にお金を取っていくと生活できなくなる」とキチッと伝えたことで行為をやめた――そんな実例もありました。

ちなみに、私はカウンセリングで子どもに「どうやったら稼げますか？」と聞かれることがよくあります。そんなときは、「レアキャラになること」と答える場合が多いです。人がもっていないレアなスキルを身につけることや、多くの人がなかなかつけないポジションや立ち位置につく、という意味です。「自分はどんなレアキャラになろう？」「自分の強みって何だろう？」、そんなふうに子どもがポジティブに考えるきっかけになってくれたらいいな、と思いながら。

第4章

過去の精算期の声がけ

過去の清算期

この時期の声がけのポイント

落ち着き期で子どもの心がフラットになると、今まで我慢していたことやモヤモヤしていたこと、自身の劣等感などと向き合い、「後始末をつけよう」「清算しよう」とする時期が訪れるケースが多いものです。それが〝過去の清算期〟です。

過去の怒りが出てくる理由は、「不登校など現在の自分自身の苦しみは、あのときのあの出来事が原因だったから」と本人が感じているからです。そういった意味で、「今こそ決着をつけよう」と向き合うことは、子どもが真に自立するために必要なステップといえます。こういった時期を乗り越えて、子どもの心はより安定していきます。

自身と対峙してひとりで解決する子もいれば、「なんであのとき、あんなことを言ったの？」「なぜこうさせてくれなかったの？」などと親を問い詰める子もいます。

この時期に子どもが親へ怒りを吐き出す理由は、**親子関係が戻ってきていると本人が感じており、「今だったらわかってもらえるんじゃないか」という思いがあるからです。**そうでない場合でも「やっと言いたいことが言えた」と本人が消化したことで、次のステップに進めることもあります。

親御さんとしてはまったく記憶に残っていないことを突然責め立てられることもあり、面食らってしまうかもしれません。

ですが、まずは子どもの話をしっかりと聞いてほしいと思います。たとえ、当時のあなたの言動に子どもの解釈とは違う意図や思いがあったとしても、子どもを傷つけたことに対して悪かったと思った場合は、「**そんな思いをさせてしまってごめんね**」と伝えてください。だからといって、いつまでも後悔の念をもち続ける必要はありません。大切なのは、この先だからです。

過去は過去として清算し、自分や相手のありのままを受け容れようとする意識を大事にしながら、**「一対一の人間同士」というスタンスで新たな親子関係を築いていけたらいいですね。**

CASE 14

子どもから自分の行動を責められたとき

この会話のポイント

気持ちに寄り添えなくてごめんね

子どもから過去のことを強い口調で責め立てられると、かっとなって「だって○○だったんだから、仕方ないでしょ！」「私だって○○だったんだから！」と同じように強い口調で返してしまいがちです。「そんな前のこと今言われても困る」というのが、親御さんの正直な気持ちでしょう。

けれども、もし**「悪いことしたな」**と思うのであれば、まずは率直にその気持ちを伝えてください。ご自身に悪いところがなかったとしても**「つらかったんだね」「そうだったんだね」**と、できれば、まずはお子さんの主張を受け容れていただきたいです。

学校を休ませたら勉強が遅れちゃう、進学できなかったらどうしようって不安だったの

自分の思いや気持ちを伝えるのであれば、子どもの気持ちを受け容れる言葉の後にしましょう。子どもから当時の言動の理由を求められたときも、同様です。「でも」「だって」など否定や言い訳のような印象につながる接続詞は避け、フラットに伝えるようにしましょう。

ただし、どんなに正直な気持ちであっても、あなたの言葉が子どもにとって納得できるものかどうかは、また別の話です。でも、それはそれとして割り切っていいでしょう。自分の言葉の意図が１００％相手に伝わるわけではないですし、伝わらないほうが当たり前です。

「子どもが気持ちをぶつけてくれて、コミュニケーションがとれた」という事実を大切にしてください。

私は学校に行ってほしいって思ってる でも、あなたの気持ちも大切にしたいから一緒に話し合いたい

過去の言動に対する謝罪をしても、子どもが「どうせ今だって○○だと思ってるくせに！」とさらにかぶせてくるケースも、非常に多いです。

それに対する答えは、本音でいいと思います。「**私は○○と思っている**」とアイメッセージで伝えればいいのです。ここで子どもの気持ちを収めるために嘘をついても、親自身の心にわだかまりが残ってしまいます。

「**過去はこうだった。今の私はこう思っている。それは子どもの意見とは違うかもしれない。でも、子どもが無理やり私の意見を変えることはできないし、私も子どもを無理やり変えたいわけではない**」という気持ちで、自分自身にも、お子さんに対しても正直に向き合っていただきたいです。

アイメッセージで本音を伝えた上で、「**あなたの気持ちも大切にしたいから、話し合いたい**」と続けてもいいかもしれません。子どもとしても「自分の存在を尊重してくれている」という安心感につながるからです。

結論が出なくてもいいのです。むしろ、簡単に結論は出ないでしょう。お互いの思いを伝え合い、きちんと話ができたということが、大きな成果だと思います。

親にできること

親自身も覚えていないかなり前の、本当にそんなことを言ったのか確かめることもできないことを持ち出されて、怒りをぶつけられる。親御さんは「今さら?」「そこまで怒る?」と不思議に感じ、戸惑いを覚えるかもしれません。

そう思うのは仕方がないとしても、そのままお子さんに伝えないほうが賢明かもしれません。子どもは「自分にとってはすごくショックなことだったのに、親にとってはそんなに軽いものだったんだ」と感じ、さらに苦しむ結果になったケースもたくさんありましたし、私自身も経験しています。

子どもが過去のことを持ち出して感情を吐き出す理由は、子ども自身が過去と向き合おうとしているからです。親への怒りだけでなく、自身が抱いていた劣等感や自己否定にも向き合おうとするケースもあります。

子どもにとって、このように自身や過去と向き合う時期は、ひとりの人間として自立するためにも非常に大事です。子どもにとってはつらい時期となりますが、**自分なりに納得したり、否定的な思いにケリがついたりしたときに初めて、前を向いて歩き出せるからです。**

感情を出さずに自身の中で完結させる子もいれば、清算期が長く続く子もいるなど子どもによってケースはさまざまですが、この時期を超えると子どもの心は安定してきます。

親御さんにとってもつらい時期になるかもしれませんが、**「回復までには過去の清算期というステップがある」「それは子どもに必要な時期」**だという知識があると、対応もしやすくなるかと思います。

今野先生のひと言

お子さんからどんなに責められても、親御さんは親御さんなりにお子さんのためを思って子育てをなさってきたと思います。「悪かったな」と思うなら謝ることも大切ですが、自分自身を責めすぎないことも、とても大切です

CASE 15

つい子どもと口論になってしまったとき

この会話のポイント

あなたの意見は認めたいと思ってる

最初は穏やかに話せていた。しかし、次第にお互いにヒートアップしていき、つい子どもに余計なひと言を言ってしまう……。そんなこともありますよね。**そうなったら、いったん時間や距離をおきましょう。そして、会話を振り返ってみましょう。**

親子であっても違う人間同士、意見が食い違うのは当たり前です。「**あなたはこう思う。でも、私はこう思う**」そんな考え方の違いを受け容れると同時に、「**親と子は、血がつながっていても別の人格だ**」と改めて受け容れるようにしてみましょう。

子どもを受容しつつ、わがままは認めないというのは、とても大変なことです。お子さんからも「結局ダメなんじゃないか」と言われることもあるでしょう。そんなときに「**わがままは認められないけど、それはあなたを全否定しているわけではない**」ということを伝えられたらいいですね。

行動は認めらないかもしれないけど、気持ちや意見は尊重してるよ

子どもから「認めてもらえないなら意味がない」といった言葉を投げかけられると、コミュニケーションをシャットアウトされてしまったようで、あせったりガッカリしたりしてしまうかもしれません。自己受容が深まっていない状態や、心に余裕がない状態では、なかなか「あなたはそう思うんだね」とは言えないですよね。

それでもやっぱり受け止める言葉が大事だと、私は思います。お子さんから何を言われても、第一声は「**あなたは〇〇なのね**」という受容の言葉で受けることがクセになるくらい定着できるといいですね。

〝鶏が先か、卵が先か〟問題ではないですが、まずは言葉を発することで、「**あなたと私は別の人間**」という事実が腹落ちするとともに、言霊によって心がスッと落ち着くこともあるかもしれません。

その後に続く「**行動は認められないが、気持ちや意見は尊重する**」とは、子どもの人格を認めているからこそ出てくる言葉でしょう。こちらもなかなかすんなりと言えないとはいえ、新たな親子関係を築く上での指針にもなる言葉だと思います。

親にできること

私はかつて、親御さんが娘さんのパパ活について悩んでいる家庭のカウンセリングを行ったことがあります。そのときにお母さんが、「子どもが『お金がほしい』『好きなものを買いたい』という気持ちはわかる」「かといって、娘のパパ活を認めることはできない。親としては悲しい」とおっしゃっていたことが、今でも印象深く心に残っています。

コミュニケーションを重ねることで親子が同じ結論を出せることはベストかもしれませんが、違う人間同士ですから難しいのが実際のところです。

また、「結論を出す」ことをゴールにすると、お互いの主張をぶつけ合うだけになってしまう恐れもあります。

結論を出すことを目的にするのではなく、「お互いのことを知る」ためにコミュニケーションを重ねるよう意識してみませんか？ そのほうが穏やかな時間をもてることでしょう。

少しずつお互いのことを理解し合い、お互いが「自分とは考えが違う」と客観的に受け止めながらも、少しだけでもお互いのことを思いやった行動をとれるようになっていければ、それはとても素晴らしいことだと思います。

とはいえ、私は決して衝突することが悪いことだとは思っていません。特に、お子さんが喋らない時期が長かったり、長く落ち込んでいる状態が続いていたりといった場合は、親子のコミュニケーションが一歩前進したと考えられるからです。

「友達のうちは○○なのに、うちは厳しすぎる！」「なんで○○しなきゃならないの!?」などいちいち子どもが突っかかってくるから、つい言い合いになってしまう、といった親御さんの悩みもよく聞きます。そういったケースでは、**「そういった主張をしてくるということは、親に何でも言える関係ができている証拠」**とお答えしています。非行に走って家を出てしまう子の場合などは、親には一切そういった話をしないからです。

子どもは子どもで言いたいことを言い、親も親で自分の思いを伝える。その繰り返しで、時間をかけて落としどころが探れればいいのではないでしょうか。

むしろ今、無理に落としどころを見つけようとしなくても、時間が解決してくれるケースもたくさんあります。〝門限が早い・遅い〟という問題ひとつを取っても、中学生だった子どもが高校生になり、大学生になれば、それ自体が問題ではなくなっていくことと似ています。

今野先生のひと言

少しずつお互いのことを理解し合い、お互いが「自分とは考えが違う」と客観的に受け止めながらも、少しだけでもお互いのことを思いやった行動をとれるようになる、というのは、大人同士でさえも、とても難しいことです。まずは親御さん側が大人として「大人になる」ことを意識してみてください

CASE 16

子どもが学校への不満を打ち明けてくれたとき

それだけが理由じゃないんだけど、実は担任の先生が苦手なんだよね
え？知らなかった
なんか、言い方がキツかったり、みんなやってるのに、ぼくだけ注意されるとかあって……
しょんぼり
そうだったんだね話してくれてありがとう
例えば、お父さんから先生に相談するとかできるけど、どうしようか？

この会話のポイント

話してくれてありがとう

多かれ少なかれ、子どもは学校でのトラブルや被害などについては親に話したくないと思っているものです。

「親を心配させたくない」「屈辱的な扱いを受けていることを知られたくない」「そんな状況に陥っていることを自分が認めたくない」など、理由はそれぞれあるでしょう。

そういった思いを抱えながらも自身の苦しみについて話してくれたことに対し、まずは**「そうだったんだね」**と受け止めてあげてください。その言葉は、ショッキングな内容を聞いて動揺する親御さん自身の心を落ち着かせる言葉となるでしょう。

その上で、**「話してくれてありがとう」**と添えます。普段あまり喋らない子であれば**「勇気を出して話してくれて」**という気持ちを、そうでなくても**「言いにくいことを話してくれて」「自分を頼ってくれて」**という気持ちを込めて**「ありがとう」**と伝えることで、子どもに寄り添う姿勢が伝わるかと思います。

俺（私）から先生に相談するとかできるけど、どうしようか？

親御さんが「先生に相談してみようか？」といった提案をした場合、実際に「うん」と言う子どもは、あまり多くはないかもしれません。

「親が学校へ行けば、自分がチクったと思われて、もっとイヤな扱いをされる」と考えるからです。いじめの場合も同じで、「解決するどころか、もっといじめられる」と考えてしまうお子さんも多いです。

ただ、実際に行動に移すかは別にしても、親が子どもに寄り添い、解決策を一緒に考えていこうとする姿勢は、とても大事だと思います。

「担任の先生に直接話されるのがイヤだったら、学年主任の先生や校長先生に話してみようか」「〇〇ちゃんのお母さんに相談してみようか」など、会話を重ねていくことで、子どもは大きな安心感を得られることでしょう。

また、こうした話をする際は、「よし、お父さんが先生のところに話に行く！」など、ひとりで決めたことを決定事項として伝えないよう、注意してください。ポイントで挙げたセリフのように、**「○○してみる？」「どうしようか？」**など、子どもに選択権を与える問いかけができるといいですね。

親にできること

過去の清算期とは、親に対して抱いていた恨み・つらさや、自己否定の念と向き合う時期であるとお伝えしました。それだけでなく、学校でいじめやトラブルに遭っていても言い出せなかった子どもが、この時期にようやく話し出すケースもあります。

そうした場合に親にできることとは、やはり「理解を示すこと」だと思います。

「その程度のことで悩んでいたら、この先、生きていけないんじゃないか」
「社会に出たら理不尽なことなんていっぱいあるんだから、今はその訓練だと思って乗り越えてほしい」

親御さんがそう考えてしまう心理も、よくわかります。ですが、それを子どもにそのまま伝えたり求めたりすることは、少し違うと私は感じています。

「自分も似たような経験をしたけど、乗り越えてきた」という自負がある方こそ、こういった言い方をしてしまいがちです。

ですが、あなたのケースが、たとえ我が子だとしても、ほかの人に当てはまるとは限りません。子どもは子どもなりに苦しんでいるなかで、やみくもに「頑張れ」と言っても伝わらない場合がほとんどです。子どもは「やっぱりわかってもらえないんだ」と感じ、せっかく積み上げた親への信頼が低下してしまう結果になりかねません。

私が接したなかでも、こうしたケースは多くあります。「勇気を出していじめられている事実を親に伝えたが、教師をしている親には『そんなことよくある』と一蹴された。子どもは絶望し、やがて非行に走ってしまった」という事例もありました。

タイミングがくると子どもは苦しみながらも、現実と向き合い、自分の足で一歩を踏み出す必要が出てきます。

親は手とり足とり子どもを導くことはできませんが、子どもの心を安定させるためのサポートはできます。

ぜひ、苦しんでいる子どもに寄り添い、理解を示すことで、子どもの〝心の居場所〟を作ってあげてほしいと思います。

今野先生のひと言

社会に出たことのない子どもにとって、学校は「世界のすべて」といっても過言ではないくらい大きな、そして重い存在だったりします。そこで起こったことは、親がどんなに「ささいなこと」と思っても、子どもにとっては大変な問題であると理解しましょう

CASE 17

子どもが自己否定的な発言をしているとき

この会話のポイント

そこまで思い詰めてたんだね（そう思うんだね）

「そんなことない！」「そんなこと言わないで！」と言ってしまいそうなところですが、**「そう思うんだね」**もしくは**「そっか」**など、まずは子どもが「そういうふうに考えている」ということを受け容れていただきたいです。自分を全否定しているようなら、マンガの例のように**「そこまで思い詰めてたんだね」**と思いやる言葉でも、受容的な意味になると思います。

微妙なニュアンスですが、「そんなことない」は子どもに否定的な印象を与えかねないからです。「そんなこと言わないで」に至っては、子どもが思い切って打ち明けたこと自体を否定されたように感じてしまう恐れがあります。

ＣＡＳＥ16と同様、子どもが不安や弱い面を見せたということは、親に心を開いている証でもあります。また、不安などを口に出したことで、かえって気持ちが整理され、安定することも多いものです。だからこそ、まずは受け止めることが大事です。

バイトを始めたことだって一歩前進だし、また別の一歩を踏み出せばいいんじゃない？

私自身も、このような言葉を親からかけられた経験があります。

不登校や親との確執の時期を経て、家を出て一人暮らしをするためにアルバイトを始めた私ですがそれまでの怠惰な生活をしていたツケもあり、なかなかうまくいきませんでした。ついに「辞める」となったときに、父に「バイトを続けられない、ごめん」と謝りの電話を入れました。すると、父は右のような言葉をかけてくれたのです。そのひと言で、とても救われ、すごく心がラクになったのを覚えています。

先日カウンセリングでお会いしたご家庭でも、似たようなことがありました。

3年ほど引きこもっていた息子さんがアルバイトに応募して、長い髪も切って面接に臨みました。でも、長く家族や友達以外と話していなかったために、面接でうまく話せなかったそうです。そのことで、「高校もやめた、面接も受からない、人とも喋れない。こんなんじゃ生きていけない」と、まさにこのマンガのような状態になってしまったそうです。

親御さんが「そう思っちゃうよね。でも、まず一歩を踏み出せたことがすごいと思うよ」と声をかけると、息子さんは感情を爆発させてしまったそうですが、それでスッキリしたようです。彼は再び前を向くことができ、後日また違うアルバイトの面接を受けに行ったとのことです。

一歩を踏み出しても、現実はスムーズにいくことばかりではありません。うまくいかずに、気持ちが混乱してしまうこともあるでしょう。ですが、「一歩を踏み出した」という事実は、間違いなく子どもにとって大きな自信となっていきます。

親としては、結果だけなく子どものこうした〝行動〟にも目を向け、光を当てられるような声がけができたら素晴らしいですね。

一緒に考えてみようよ

勉強やアルバイトがうまくいかない以前に、何も始めていない子どもに対して「どのように前を向かせたらいいですか?」とおっしゃる親御さんは少なくありません。

私の答えは、「前を向かせようと思わないほうがいい」ということです。実際に向かせられるものではないですし、そう思うこと自体、「子どもを思い通りにしたい」と考えていることにも当てはまるからです。それよりも子どもの気分転換も兼ねて、マンガのように「**（おいしいものとか食べながら）一緒に考えてみようよ**」と提案してみるのもひとつの方法です。

親にできること

先ほどお話しした息子さんもそうですが、実際に一歩を踏み出したものの、うまくいかずに落ち込んでしまうケースは多いものです。

そして、**そんな子どもと一緒に混乱してしまう親御さんもまた、多いものです。**

実際に、先ほどお話ししたご家庭の親御さんも、「子どもが一歩を踏み出そうとしたときは、今まで以上に自分たちが不安になる」とおっしゃっていました。面接に受かるのか、ちゃんとアルバイトできるのか、この先も生きていけるのか……そういったことを考えて、「こんな不安な思いをするくらいならば、正直このまま何もしないでいいという心理すら働いてしまう」と。

同じように、「あれだけ学校に行ってほしいと思っていたのに、いざ行くとなったらまた不安になる」とおっしゃる親御さんは、非常に多いです。

そうした心理を、私は〝穴掘り思考〟と呼んでいます。

親子のコミュニケーションが取れるようになったり、子どもが少しずつ勉強を始めたりなど、今までの不安の穴が埋まったら、別の不安が生まれる。新しい不安の穴を掘り始めて、また悩む、を繰り返すのです。

でも、前に進むには親御さん自身が踏ん張ることも大切です。

こうした連鎖を防ぐポイントは、まず**「不安という穴を掘っているのは自分だ」**と気づくことです。そして、気づけたら**「穴を掘ることをやめる」**と決めることです。

そのためにも、自己受容を深めていくことが大事だと思います。

今野先生のひと言

お子さんが自己否定をしてしまうときこそ、親御さんは「**そういうふうに思ってしまうこともあるよね**」と自己否定するお子さんのすべてを受け容れるように心がけてみましょう

COLUMN

4

子どもと
学校について話してみる

「学校に行く意味はあるの？」。これも、子どもからよく聞かれる質問です。不登校の子の場合は「ないよ」と答えてほしいのかもしれませんが、そこは本音で「人によってはあるし、人によってはないと思う」と答えています。

個人的には、人間関係をつくったりルールを知ったりなど「社会を学べる」ことに関しては学校へ行く意味があると思っています。一方で、個が尊重されにくいといったマイナス面もあると感じています。また、私がプラス面として挙げた人間関係やルールに準じた行動がうまくできずに悩んでいる子が少なからずいることも、事実です。だからこそ、「人によっては」なのだと思います。そして、その先には学校へ行っても行かなくても「最終的に生きる力を養えればいい」という思いがあります。

昨今はフリースクールや通信制への偏見も薄くなり、一人ひとりに合った学校選びができる環境も少しずつ整ってきています。学校に行く必要はあるのか、学校に行くことにどんな意味があるのか、子どもの将来に必要なことは何なのか。親御さんも改めて、もう一度考えてみてはいかがでしょうか？

第5章

回復期の声がけ

回復期
この時期の声がけのポイント

長く心にこびりついていた過去のモヤモヤや自己否定感・劣等感と改めて向き合い、自分なりにカタをつけた子どもは、心が安定し、〝この先〟にも目が向くようになってきます。
親御さん自身の自己受容も深まり、子どもからの精神的な自立も順調に進んでいる頃ではないでしょうか。

子どもが将来への希望や不安について話すようになったら、〝回復期〟の始まりととらえていいかもしれません。

私のこれまでの経験からはこの時期、集団タイプの子どもは復学や進学を、個人タイプの子どもは自分なりの将来の夢や目標に向かって歩き出すケースが多い印象です。

ただし、子どもがどんな道を歩んでいくにせよ、どんな不安や期待を抱えているにせよ、親御さんができることは見守り、受け容れることだけだと思います。また、一歩を踏み出した子どもの人生がすべてうまくいくわけではないでしょうし、途中で方向転換することもあるでしょう。

親御さんもときには、過去の自分が顔を出し、不安になったり、子どもにあれこれ言いたくなったりしてしまうことがあるかもしれません。そんなときは、**「また不安の穴を掘ろうとしている」「子どもと自分は別の人間」**と言い聞かせてみてくださいね。

この時期の親御さんの対応は、今までの集大成だと思っていいでしょう。子どもと親は別の人間だと自己受容を深めながら、子どものありのままを受け容れる。子どもと話すときは子の話を遮らず、急かさず、否定せず、最後まで聞き切る。アドバイスするのは、求められたときだけ。自分の意見はアイメッセージで話す。もちろん、サポートできるところはしていきながら。

「親が自分のありのままの存在を認め、フラットな姿勢で見守ってくれている」とお子さんが感じられることは、本人が未来を生きていく上での大きな安心感となるはずです。

CASE 18

子どもと将来や学校について話したいとき

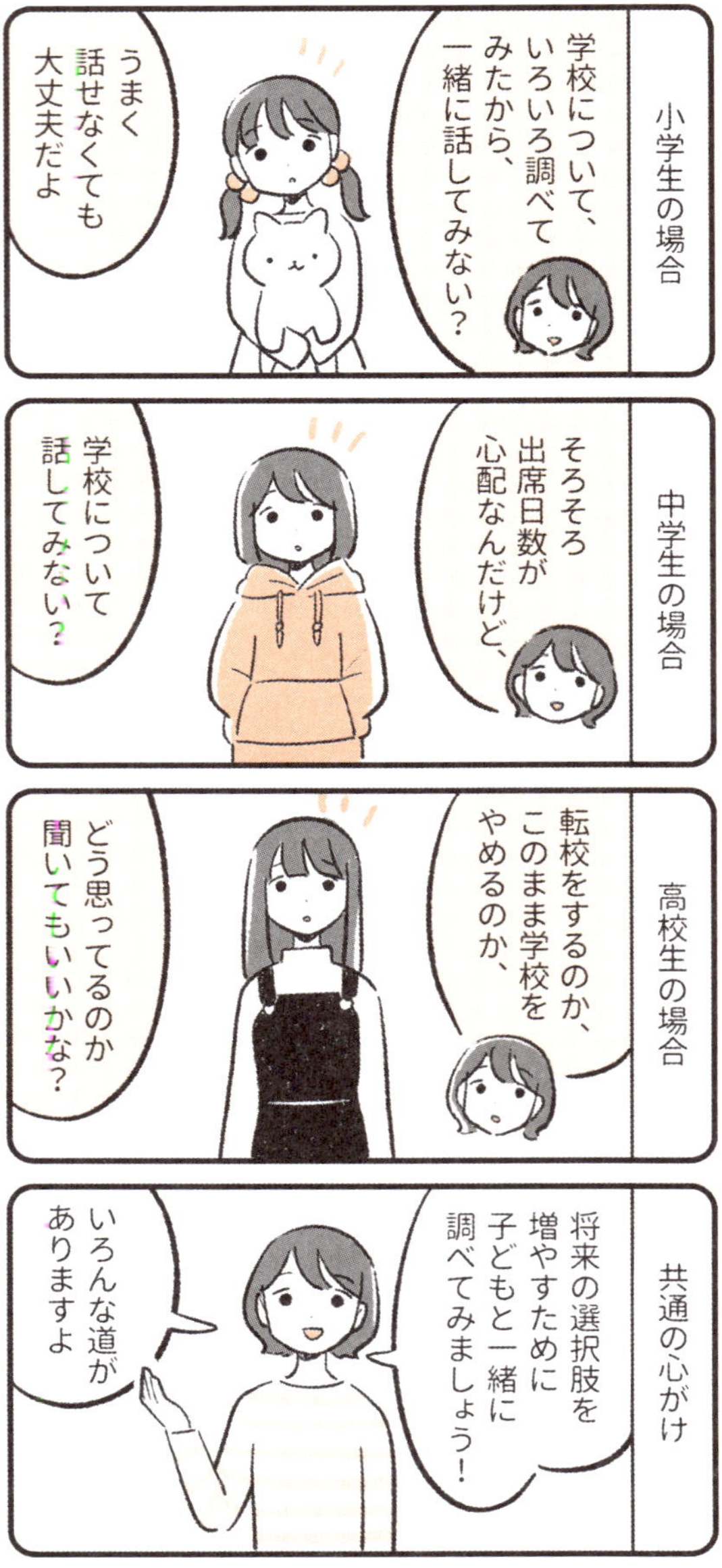

この会話のポイント

学校について、いろいろ調べてみたから、一緒に話してみない？ うまく話せなくても大丈夫だよ（小学生の場合）

どの年代の子どもにも共通することではありますが、特に小学生くらいの子が「学校に行こうかな」と話してきた場合は、なるべく精神的に苦しくならない方法を一緒に考えてみてもいいかもしれません。

「授業で困らないように、お母さんと予習をしてみる？」「もし、途中で頭が痛くなっちゃったら、先生に言って保健室に行ってもいいよ」といったように予防策を取っておくのもおすすめです。

「今までの学校に行くのはなぁ……」「誰も知らないところに行きたいなぁ」などと言う場合は、「違う学校に行きたい」という思いのあらわれかもしれません。フリースクールや学区内の別の学校への転校など、方法はいくつかあります。あらかじめ親御さんが調べた上で、どんな選択肢があるかを話せるといいですね。

いずれにしても、小さいお子さんは自分の考えや気持ちを言語化することが難しいものです。「**うまく話せなくても大丈夫だよ**」といったひと言があると、安心して言葉を発せられることでしょう。

「それって、〇〇っていうこと？」など親が気持ちをまとめようとせず、お子さんが自分の言葉で話せるようにじっくり向き合ってみてください。

そろそろ出席日数が心配なんだけど、学校について話してみない？（中学生の場合）

義務教育が終わった後、高校へ進むのか、高専へ進むのか、専門学校へ進むのか、進学せずに働くのか……など、中学生は自分でこの先の進み方を決めなくてはなりません。人生最初の岐路となる時期にきているのです。

卒業後の進路で最も多いのは、公立・私立の高校進学でしょう。その場合はほとんどの学校で出席日数が第一関門となるということは、多くの親御さんもご存じのことと思います。

２０２４年6月に文科省が、高校入試で外国人生徒や不登校の生徒らへの配慮を求める通知を全国の教育委員会に出し、自治体によっては、内申書から欠席日数の記載欄を廃止にする動きが出てきました。今後、このような取り組みが広がっていくことを願いますが、まだ一部の自治体のみというのが現状です。

回復期までできている子どもであれば、ストレートに「**公立や私立の高校に進学するには出席日数に条件がある学校もある**」ということを伝えるようにしましょう。まだ今後のことについて考えが定まっていない子どもにとっても、「決断が必要な時期にきている」ということを意識するきっかけになるかもしれません。

中学生くらいの場合は、「将来」と言われても漠然としていることが多いでしょうから、「**高校進学か、それ以外か**」くらいの選択肢で話を進めていいと思います。また、出席日数だけでなく、「**〇月〇日に三者面談があるから**」「**〇月〇日が出願の締め切りだから**」など、進路に関する期日・期限を伝えることも大事です。

転校をするのか、このまま学校をやめるのか、どう思ってるのか聞いてもいいかな？（高校生の場合）

高校生の場合もその先の進路は幅広いですが、義務教育も終えていますし、どうするかは子どもが自身で調べ、決めていけばいいと思います。

とはいえ、高校生くらいの子の〝この先〟は、親御さん自身の生活に大きな影響を及ぼす場合も多いです。転校や復学をするのであれば話は早いでしょうが、学校をやめるとなった場合、お子さんは次に何をするのでしょうか。

何もやらずに家に居続けるとなると、引きこもりやニートになる可能性が高まってしまいます。現時点ではなんとか生活できるとしても、その状態のまま数年、十数年経った場合、親は働き続けていられるでしょうか？　一家の経済状況はどうなってしまうでしょうか？

「学校をやめる」となった場合には、親御さん自身の生活のためにも、その先の見通しについて方向性を決めていく必要があります。

親に**「どう思ってるか教えてもらえる？」**と聞かれたことで、初めて将来の夢や目標を語る子もいるでしょう。特に個人タイプの子どもの場合は、規範意識の強い親が素直に応援できない夢をもつ子も少なくないので、なおさら「それまで言い出せなかった」というケースもあったりします。

私自身も「バイクに携わる仕事がしたい」と伝えたことで、父に大反対をされた覚えがあります（父にはバイクで大変な目に遭った知人が何人かおり、「バイク＝危ない」という印象をもっていたためです）。

「そんな仕事で食べていけるの？」「そんな才能があるとは思えない」など、言いたいことはたくさんあるかもしれませんが、まずは**「そうか、そう思っているんだね」**と受け止めましょう。親御さんがどう思ったとしても、実際に歩いて行くのは子どもです。見守るしかないのです。親御さんができることは、子どもの背中を押し、見守り、困ったときには手をさしのべることではないでしょうか。

お子さんから「○○な学校なら通ってみたいんだけど」「将来は○○になりたい」といったアクションがあったら、**「どうしたら実現できるか、一緒に調べてみよう**

か？」と誘ってみるのもいいかもしれません。こうしたことも、これからを生きていくための準備であり、勉強です。

「なるべくそういう方向には進んでほしくないな」と思う道であっても、それはあなた自身の色眼鏡や価値観がネガティブに感じさせているだけかもしれません。ネットのアルゴリズムによって偏った情報ばかりに目がいくことのないよう、幅広い意見や情報を集められるといいですね。〝好き〟〝興味〟を伸ばすことで活躍しているたちの体験に触れることもおすすめです。

ＣＡＳＥ11の勉強に関する有名人の考え方のひとつとして紹介した「たとえば、本を読む前と読んだ後では、ちがう自分になっています。物事を知る前と後で、ものの見え方が変わる。それが学んだ意味です」（『なんで勉強するんだろう？』齋藤孝・著 幻冬舎）。まさにこの考え方のように、〝調べること〟は子どもの将来の選択肢を広げるとともに、親御さんの知見を広げることにもつながると思います。

親にできること

もともと口数が少なく、あまり自分の気持ちについて話さないお子さんの場合などは、**「考えを聞かせてくれる?」**と聞いても黙りがちだったり、**「一緒に調べようか?」**と声をかけても乗ってこなかったりということもあるかもしれません。

どちらにしても、回復期までできていれば、それほど心配はいらないと思います。**「手続きをとらないといけないから、〇日までに考えを教えて。この手続きをしないと、あなたはこうなるよ」**と投げかけたら、あとは子どもを信じて待つだけでいいのではないでしょうか。

「一緒に調べたのはいいけれど、親子で考え方のすり合わせができない」ということも十分起こり得ることです。この場合もやはり、親は子どもを信じて見守るしかないでしょう。子どもが決めたことを止めることはできませんし、子どもの人生を歩いて行くのは子ども自身だからです。

今野先生のひと言

「いつまでに・何をするのか」ということを話すときには、「それをしなかったらどうなるのか」ということもセットで伝えるようにしましょう

CASE 19

子どもの視野を広げたいとき

この会話のポイント

人間関係でトラブルがあったなら転校するのもいいと思うよ

親子関係や自身も気持ちが安定し、気力が回復してきても、いざ「学校に行く」となると当時のトラブルを思い出し、一歩を踏み出せないこともあるでしょう。

子どもにとっては〝学校＝今まで通っていた学校〟の一択でしょうが、環境を変えるために転校する方法を提案してもいいかもしれません。フリースクールや私立校だけでなく、公立校でも学区外の別の学校へ転校できるケースもあります。

転校を「逃げ」と考える方はだいぶ減っているとはいえ、「また新しい環境で失敗したら……」と心配する親御さんもお子さんも多いかもしれません。実際には通ってみないことにはわからないとはいえ、かつてのゴタゴタやストレスから解放されることでのびのびと新生活を楽しめるケースも多くあります。

いずれにしても、選択肢のひとつとして「**転校する方法もあるけど？**」と本人に問いかけてもいいでしょう。子どもは「そんな方法もあるんだ！」と前向きにとらえるかもしれませんし、「転校するのも大変そうだし、今までの学校には仲の良い友達もいっぱいいるし……」など元の学校の良さを再認識するかもしれません。

どちらにしても、「物事の解決方法はひとつではない」「道はいくつかある」ということを子どもが実感できるいい機会になるかと思います。

生活リズムが合わないなら、子ども向けの病院があるから行ってみない？

不登校の時期は、ストレスを感じたり、思春期特有のホルモンバランスの乱れで、「夜眠れない」「頭痛が続く」といった体の不調が起こることもあります。

不定愁訴が続くからということで、親御さんから「カウンセリングを受けてみない？」「心療内科に行ってみる？」と提案された際、お前はダメだと言われているようで傷ついたと言うお子さんは多いです。どちらも一般的にはだいぶ浸透してきたとはいえ、まだまだ子どもにとってはハードルの高い場であるようです。

最近目にすることが増えた〝思春期外来〟や〝児童思春期外来〟は、そうしたケースにも対応しやすく、ハードルの下がる診療科目です。児童期・思春期を対象にしており、小児科や精神科内に置かれていることもあります。また、オンラインで診療してもらえるケースも増えています。

一般外来では病気そのものを診るのに対し、（児童）思春期外来では病気だけでなくその子の人間性そのものを診ることが特徴です。必要であれば脳波やＭＲＩなどの検査もしてくれますし、福祉機関や教育機関と連携してくれることもあります。

もちろん保険診療ですし、お子さんにとっても心療内科などと比べてハードルが低く感じると思います。

勉強についていけないなら、塾とか家庭教師とか、教える人によってもわかりやすさが違うよ。いろいろ試してみようか？

勉強についていけないことも、不登校のきっかけとなるケースが多いです。

親がつきっきりで見てあげるのにも限界があるでしょうし、お互いにイライラしてうまくいかないことも多いことでしょう。

教わる人との相性は理解度にも影響しますから、家庭教師や塾を試してみるのもいいでしょう。eラーニングのような方法で学べる場もありますし、さまざまな科目をわかりやすく解説してくれるYouTubeチャンネルもあります。近頃は、発達障害の子どもに向けた教材もだいぶ充実してきました。

また、単に勉強の〝やり方〟を変えることで、格段に理解度が深まるケースもあります。

とはいえ、子どもが勉強や復学への意欲を示していない段階で「こんなのどう?」と先走っては、逆効果になってしまうこともあります。

「そろそろ学校に行こうかと思ってるんだけど、勉強がなぁ」「授業についていけるかなぁ」というような希望や不安を口にしたとき、または進路について話をしているときなどの流れで提案してみるといいと思います。

本でもマンガでも映画でも、いろんな人のキャラクターや生き方を見てみるのも参考になるよ。どんなお話がいいかな？

例えばゲーム好きな子どもであれば、黙っていても自分で攻略サイトなどを探して研究しているものです。

私がそういったお子さんと接するときは、**「このゲームがどうやってできたかを書かれた本を読んでみても面白いよ」「ゲームの作り方について調べてみたら、自分でも作れるようになるかもよ」**といった話をして、興味の対象を広げるようにすることもあります。実際にそこからプログラミングを学ぶようになり、今はゲームのプログラマーとして働いている方もいます。

まだこれといった興味対象がなかったり、将来目指したい方向が決まらなかったりという子の場合でも、さまざまな人の生き方や体験談に触れることが、何かしらのヒントになるケースは多いものです。それこそ今は、「昔は不登校だったけど、今はこんな活躍をしている」という経験を語る経営者や有名人も多いですよね。また、親御さんの友達に、ユニークな経験や生き方をしている人がいれば、一緒に話を聞いてもいいかもしれません。

もちろん、人の話を聞くことだけにこだわる必要はないでしょう。本でもマンガでも映画でも音楽でもさまざまなコンテンツに触れること、実際にいろいろなことを経験・体験することは、とても素晴らしいことですよね。特に多感な時期の子どもは、大人からすればなんてことのないひとコマから、ハッとするようなインスピレーションを得ることもあるものです。

親にできること

〝回復期〟に大切なことは、この先を見据えること、そのために生きる力とその術を少しずつ身につけていくことです。

ただ、子どもの視野はまだまだ狭いものです。「自分にはこれしかない」「今ダメだから、これからもダメかもしれない」などと思い込んで、可能性やチャンスを狭めていることもあるかもしれません。

親御さんがポジティブに、かつ押しつけがましくない言い方で**「こんな方法もあるけど、どう?」「こんな世界もあるよ?」**と声をかけることは、子どもの視野を広げ、「これならできるかも」という安心感を得られるきっかけになるのではないでしょうか。

無理に将来につなげようとする提案でなくてもいいと思います。**「せっかく生きているのだから、世の中のたくさんのものを目にし、耳にし、触れ、感じられたらいいね」**というラクな気持ちで話せたらいいかもしれませんね。

感性豊かな子どもたちはちょっとしたことからも多くのことを感じ、自身に取り込むことでしょう。そうした蓄積が結果的に子ども自身の〝核〟となり、これからを生きていく原動力となるのではないでしょうか。

今野先生のひと言

不登校経験者の書籍やインタビュー記事なども多く出ています。ぜひこれを機に調べてみてはいかがでしょうか?

CASE 20

少しずつ家のルールを決めていきたいとき

この会話のポイント

この先、社会に出ていくなら、社会のルールがあるんだよ。そろそろ自立の練習をしてもいいんじゃない？

CASE19でもお伝えしたように、回復期では〝この先を見据えること〟〝そのために、生きる力とその術を少しずつ身につけていくこと〟が大事です。

これまでも「子どもの気力が戻ってきたら、少しずつ家庭のルールを決めていく」「引きこもりやニートにならないようにするためにも、ルールや責任を課し、自立を促すような声がけを」と説明してきました。

回復期に入った今は、より具体的なルールを決め、〝自立せざるを得ない環境〟をつくることも大切だと思います（そのため、中高生以上の子どもを想定した声がけの例になっています）。

親御さん自身も「**もう後戻りはさせない**」という覚悟と、「**今までのように、食っちゃ寝の生活は続けさせない**」という姿勢をもつことが大前提です。

なお、気力は戻ってきたものの、まだ何も動いていないお子さんに対しては、**「今後のためにあなたがどう考えているのか、気持ちを聞かせてもらってもいい？」**という入り口から探っていくと、徐々に方向性が見えてくるかと思います。

どんなことならできるのか、一緒にルールを決めていこう

小中学生のお子さんであれば、学校で求められる程度のルールを課せばいいと思います。中学卒業を控えた年齢以上の子に対しては、〝ひとりで生きていく〟ことをゴールにしたルールへと、徐々にスライドさせていくようにするといいでしょう。

学校や勉強という進路でなく、就職をしているのであれば、「毎月家にお金を〇万円入れる」というルールでもいいと思います。将来的にはちゃんと自分で食べていけるようにならないといけないわけですから、その第一歩としてもちょうどいいのではないでしょうか。就職が決まってすぐではなく、徐々に仕事に慣れてきたタイミングで提案をするのがいいと思います。

とはいえ、親が勝手に「これからは家に2万円を入れなさい」「絶対だからね」と決めて子どもに伝えても、子どもは反発するでしょう。

「この先一生あなたを養えるわけではない」「今の生活は月に○万円かかるから、○万円を負担してほしい」ということを率直に伝えることで、お子さんは納得しやすいです。

その際、親が「こんな仕事をしてほしい」とまで言うのは押しつけになりますが、具体的にどんな仕事やアルバイトができるかについては、子どもが望むなら一緒に考えてもいいでしょう。「どんな仕事がいいか」・「避けたいか」などをYES・NOチャートのように辿っていけば、行き着く先もかなり見えてくるかと思います。

親にできること

回復期に将来や学校について話したり、視野を広げたりすることで、お子さんが未来に対していいイメージを抱けるようになったら、いよいよしっかりと自立を促す時期です。

今までは「わがままをすべて認めるわけにはいかない」ことを示すためのルール決

めでしたので、「何でも好き勝手にできるわけじゃない」ということが理解できればOKでした。

ただ、心も体も気力を回復できてきた今であれば、そろそろ**「自立を促す」「大人の準備をさせる」**ことを考えてもいいでしょう。

もちろん、いきなり自分のことをすべて自分でやることは難しいでしょう。やり方を教えても、うまくできなかったり、続かなかったりするかもしれません。

そんなときには「じゃあ、やらなくていいよ」と甘やかすのではなく、**どうやったらできるようになるのかを一緒に考えるところまでできるといいですね。**

今の段階でも好き勝手にさせてしまうと、子どもはいつまでも親や環境に甘えてしまいます。まずは、**「この子は自立して生きていかなくてはならない」**と親御さん自身しっかり意識することが、親にできるいちばん大切なことです。

実際に、「何かしたほうがいいんだろうなあ」と思いながらも、ラクだし、ご飯も出てくるし、好きなゲームもできるし……と暮らしているうちに、ニートや引きこもりに至ってしまうケースは非常に多いということもまた事実です。

大丈夫、あなた自身もそうであったように、子どもはいつか自分自身の足でしっかりと歩いて行けるものです。ぜひ、たくましく成長したお子さんの姿を想像してみてください。

お子さんも気力を取り戻した今だからこそ、〝大人になった自分の姿〟をポジティブにイメージできるようになったらいいですね。

今野先生のひと言

ルールは決めるのも守るのも柔軟にしないと、親御さんも息苦しくなってしまいます。「今日の家事はちょっと手抜きで」と息抜きをするように、お子さんに対しても「できない日もあるよね」と大らかになれるといいですね

COLUMN

5

子どもを
いい意味で手放そう

子どもが自立するには、親が子どもを「(精神的に)手放す」ことが必要です。そうしないと、いつまで経っても親は子どもの問題を自身の問題として悩み、見守り、子どもがつまずかないような行動を取り続けなくてはなりません。

一方、子どもは子どもで親の考えを否定し、自分で考えて物事を進めながら、親から精神的に自立をしていきます。スイスの精神科医・心理学者のユングはこうした過程を「母親殺し」と表現し、子どもの自立に必要な経験だとしています。親御さんがこれまで「反抗的」「何を考えているかわからない」と感じていたお子さんの言動には、こうした背景があるのです。実際に、親がどれだけ心配しようと、子どもの行動は止められません。そして、自身が経験・体感することでこそ、子どもは成長し、自立していけるといわれています。

お子さんを一度「手放す」と決めてみてください。少々乱暴に感じられるかもしれませんが、お子さんの名前を書いた紙を丸めて捨てる方法も効果的です。こうすると覚悟ができて、考え方が今までとガラッと変わったりします。子どもの問題と自身の問題を分けて考えられるようになり、子どもの言動に一喜一憂することもなくなるでしょう。

第 6 章

子どもと
こじれてしまった
ときの声がけ

子どもとこじれてしまったとき
この時期の声がけのポイント

不登校のスタート期、本格期、落ち着き期、過去の清算期、回復期……どの段階においても、親子関係のこじれは起き得ます。

タイプ的にそもそも口数が少ない子もいますが、それまで普通にコミュニケーションを取っていた子どもが話さなくなるケースの大部分は、〝親への信頼〟がマイナスといえるくらい低下したことが原因であるといえます。〝こじれ〟というよりも、**〝子どもが親に心を閉ざした〟という表現のほうが的確かもしれません。**

子どもの反応に過敏に反応して、一喜一憂していませんか？

何でも知りたいからと、しつこく問い詰めてはいませんか？

「こうしなさい」「なんで○○なの!?」「ダメに決まってるでしょ」など、命令・否定・決めつける話し方をしてしまってはいませんか？

「子どもは親の言うことを聞くべきだ」という考えが頭のどこかにあると、こうした接し方をしてしまいがちです。

心理学では〝母子一体感〟という言葉があります。幼児が母親に対して抱く感情であり、「母親と自分とは別の人間だ」という認識ができていない心理状態をあらわしています。ゆえに、「ママは自分の言うことを聞いてくれて当たり前」「自分の期待に応えてくれるもの」と考えるという、子どもならではの健全な甘え・依存です。

ですが、子どもとの関係をこじらせてしまう親御さんの場合、母子一体感が逆転しているケースが多いと感じます。つまり、「子どもは親の言うことを聞いて当たり前」「親の期待に応えるもの」と考えてしまっているのです。

今一度、子どもへのこれまでの接し方を思い返してみてください。思い当たるふしがあれば、改善できるといいですね。

「子どもと自分とは別の人間」という当たり前に立ち返り、自分の意見はアイメッセージで伝えるようにすれば、お子さんからの信頼も回復してくると思います。

CASE 21

子どもが外で何をしているのか話してくれないとき

この会話のポイント

わかった

「どこに行くの?」「誰と行くの?」「何しに行くの?」「何時に帰ってくるの?」など、いずれも、親御さんがつい聞いてしまいがちな質問です。

と同時に、特に中学生くらいの子どもが親に聞かれてうっとうしく感じる質問でもあります。おそらく、同じくらいの年の頃に同じように親に聞かれて、同じように感じていた親御さんも多いのではないでしょうか。

なぜうっとうしく感じるのかといえば、自分の行動を逐一見張られ、ジャッジされている気がするからでしょう。マンガのように「どこに行くの?」「別に……」という会話になるというのは、今までの親との同様の会話で「そんなところへ行って何をするの?」「またあの子と一緒なの?」「もっと早く帰ってきなさい」など、「ネガティブなことを言われ続けてきたから」という思いが子どもに蓄積されているからです。

もちろん、親御さんとしては悪気なく、ただ心配でそのような聞き方になっていたとしても、子どもにはなかなか伝わりません。特に親子関係がこじれている場合は、「別に……」さえ返ってきません。

そこでは無理に喋らせようとせず、まずは**「そう」「わかった」**と、話してくれないことを受け容れるように心がけるといいでしょう。

何かあったら連絡するから、そのときは反応してね

アイメッセージで**「何かあったときに心配だから、どこへ行くか（誰と行くか・何時に帰るか）は教えてほしい」**といった聞き方は、親子関係がある程度成立している場合であれば有効でしょう。ですが、ほとんど口をきかないくらい悪化している場合は、そうともいえません。「親が心配しようがしまいが、自分には関係ない」と聞く耳をもたないケースも多いからです。

親御さんが心配に思う気持ちももちろんわかりますが、ここはぐっと抑えて**「何かあったときの連絡は、ちゃんとしてね」**と、連絡は緊急事態のときくらいというスタ

ンスで見守ることがいちばんかと思います。

中学生くらいまでであれば、ご飯の時間を連絡の目安にしてもいいかもしれません。「ご飯だから早く帰ってきなさい」といった命令形ではなく、「○時くらいにご飯にするけど、帰ってこられる?」などあくまでフラットな口調で聞けるといいですね。

親にできること

不登校の回復期を迎え、親子関係を築き直せたと思えた段階でも、再び悪化してしまうケースは少なくありません。関係が良くなったことで親御さんが再び、前のように子どもへ期待してしまったり、思い通りにさせようとしたりということが起こるためです。

子どもから精神的な自立を果たせたと思っていたのに、いつのまにか「子どものことが心配」「すべてを把握しておきたい」という気持ちが頭をもたげることも、よくあります。

もちろん、親御さんが心配する気持ちも十分にわかります。ですが、先ほどもお伝えした通り、お子さんからすれば「親が勝手に心配しているだけ」と感じてしまうものなのです。

また、心配する気持ちの裏には「子どもに対して自分ができることがたくさんある」という自負がある、ともいえます。でも実際は、できないことのほうが多いくらいです。親は「子どもに対して何かしてあげたい」と思うから、先回りして手を出そうとするし、導こうとするし、アドバイスをしようとする。これは親として子どもにより良くなってほしいと願う愛でもあり、素晴らしいものなのだと思います。でも実際の現実として、多くのことは残念ながら子どもが望んでいることではない。だから、子どもも息苦しくなってしまいがちです。

それに——親御さんご自身の若い頃を思い出していただきたいのですが——「親に知られなくてよかった」「親に知られたら大変だっただろうな」「親に余計な心配をしてほしくなかった」というようなことも、実はたくさん経験されているのではないでしょうか？　生きていく上では悩みや問題もあるとはいえ、それでも今みなさんは、こうして元気に暮らしているわけです。**お子さんも同じです。何かあっても子ども自身で乗り越える力をもっていますし、これから生きていく上ではそうした力を養っていく必要があるのです。**

「親は子どもに対して、できないことのほうが多い」と、割り切ることができると、親御さんの気持ちはラクになります。そのことで、真に子どもから精神的な自立ができるようになると思います。

今野先生のひと言

口頭で直接伝えるよりも、LINEなどのメッセージのほうが、お子さんから返ってきやすいこともあります。「寂しい」と感じる親御さんもいらっしゃると思いますが、今はお子さんから話しかけてくるのを待つ、大切な時期です

CASE 22

子どもがまったく口をきかなくなったとき

この会話のポイント

私はあなたのことを理解したいと思ってるよ

子どもから既に「ほっといて」と言われたものの、やはり話をしたくてアクションを起こし、再び拒絶されてしまった、マンガの例はそんなシーンを想定しています。子どもとの関係が芳しくないときというのは、とにかく親御さんの受容が大事になります。なかなか難しいときもあるかとは思いますが、**「話したくない」という子どもの気持ちを受け容れることが大前提となってきます。**

その上で、アイメッセージで自分の気持ちを伝えるにしても、あまり重くなりすぎないように注意できたら100点だと思います。**「あなたのことを理解したい」**ということを伝えるときに、「私はあなたのことを知りたいから、話したいと思っているんだよ」など丁寧な言い回しにしすぎても、かえって念がこもっているように感じられてしまいます。子どもは「別に自分は理解されたいと思わない」「干渉しないでくれ」と思うかもしれません。
微妙なニュアンスの違いではあるのですが、子どもの心が不必要に波立つことのないよう、サラッと、深追いはしないスタンスで伝えられるといいですね。

話したくなったら話してね

このセリフは、親自身の自己受容のための言葉ともいえるかもしれません。「そのうちに話してくれるはず」という子どもへの期待ではなく、「子どもが話したくなったら、話してくるだろうな。今はその状態じゃないだけなんだろうな」というありのままを受け容れるための言葉です。

親が自己受容を実践し、子どものありのままを受け容れることで、子どもが「親からの束縛がなくなった」「親がうるさく言わなくなった」と感じるようになれば、自然といつか時が満ちたときに会話は戻ってくるかと思います。ただ、その「いつか」がいつなのかはわかりません。

「子どもと話したくて話したくて」「心配で心配で」ということは、少し厳しい表現になってしまいますが、まだまだ子どもから精神的に自立できていないということだと思います。「いつか」が待てなくて、不安になってしまっている状態だといえるでしょう。

子どもにイライラするでもなく、腫れ物のように扱うでもなく、まずは「**まだ自分は子どもから自立してないということかも**」ということを受け容れてみましょう。その上で、「**でも、心配しちゃうよね**」など自身に癒やしの言葉をかけることで、少しずつフラットな心が保てるようになるかと思います。

親にできること

子どものことが心配で、不安で仕方がない。特にニュースなどで同世代の子どもの痛ましいニュースを見たりすると、余計に心配は増してしまいますよね。

ただ、あまりにもそうした気持ちが強くなってしまっているとしたら、それは親自身が子どものことを信頼していないのかもしれません。「親が子どものすべてを把握していないと、子どもが非行に走るかもしれない」「だって普段から話ができないようでは、いざ子どもが困った状況に追い込まれても親には相談しないかもしれない」「あの子はまだまだ子どもだから、親がついていないと」という思いはないでしょうか？

そんな親に対して、子どもだけが一方的に親を信頼するということはなかなかないでしょう。

親に信頼を抱いている子どもは、わりとフラットに話をしてくれますし、親を拒絶するような態度を取ることも少ないものです。親がそれほど干渉してこないため、親に対して「うざい」「うるさい」といった感情を抱いていないからだと思います。

一方、信頼が低下すると、親への態度もつっけんどんなものになります。これまでも何度かお伝えしてきましたが、「どうせ何を言っても否定される」「自分のことをわかってくれない」という経験が積み重なり、心を閉ざしてしまうのです。子どもが何も話してくれなくなると、親としては「なんで？」「ちゃんと話して」という気持ちから過保護・過干渉になり、より子どもを追い詰めてしまいがちです。

結果、信頼はどんどん低下していくという悪循環に陥ってしまうケースが多いようです。

ちなみに、思春期や反抗期という時期それ自体が、親への信頼が揺らぎやすい時期でもあります。親御さんにとっては大変な時期ではありますが、子どもがアイデンティティを確立する上では大切な時期なのです。

また、子どもが口をきかないのは親への信頼感が薄らいでいるからなのか、反抗期だからなのかは、一概には判断がつきにくいものです。とはいえ、こうした知識をもっておくことで心に余裕が生まれ、お子さんに対してより寛容な対応ができるようになるかと思います。

今野先生のひと言

お子さんから「ほっといて」と言われても「それじゃコミュニケーションにならないだろ！」「ちゃんと話しなさい」と叱ってしまう親御さんもいるでしょう。ただ、「話しても否定される」「話さなくても叱られる」そうするとお子さんの居場所はなくなってしまいますよね

CASE 23

子どもが部屋に閉じこもってしまったとき

この会話のポイント

どうしたの？

何かショッキングなことが起きたことが原因で数時間〜数日間子どもが部屋に閉じこもってしまうケースもありますが、私の経験では多くの場合においては親への信頼がなくなったことが原因だという印象です。

部屋で自傷行為や破壊行為などをしていた経験があるお子さんの場合、親御さんも心配で「すぐ出てきなさい！」「何やってんの!?」と強い口調で言ってしまいがちです。そう言ってしまうお気持ちはよくわかりますが、そうした苛立ちや不安は子どもにもダイレクトに伝わり、前のケースでお伝えしたような悪循環に陥ってしまいかねません。できれば落ち着いた口調で、フラットに尋ねられるといいですね。

ほっといてほしいのね

お子さんに拒絶するようなことを言われても、邪険にされても、基本は受容です。親御さんからよくいただく質問として、「どれくらい待てばいいでしょうか？」「ご飯はどうすればいいでしょうか？」というものがあります。

どれくらい待つかについて、時間の目途はありません。ですが、親が声をかけるのではなく、子どもが出てくるのを待つほうがいいでしょう。

ご飯については、ご飯の時間がきたら「**ご飯できたけど、どうする？**」と声をかけてもいいと思いますし、作ったものを冷蔵庫に入れておいて本人が食べたくなったら食べるようにしてもいいと思います。

よく親御さんが取りがちな行動に、「ご飯を部屋の前まで持って行く」というものがありますが、私はあまりおすすめしません。本人がアクションを起こす必要がなくなり、親子で会話するきっかけも失ってしまうからです。ある意味これは引きこもりを助長する行為ともなってしまい、そうしたことが続くと、そのまま引きこもり生活に突入してしまう恐れもあります。

話せるときに話してくれる？

子どもが「ほっといてほしい」ということは、現状子どもが落ち着ける場所は、親の前ではないと考えられます。また、子どもが閉じこもった原因が何であれ、「子どもが自分自身で考え、答えを出していく」という経験は、自立のために欠かせないものです。子どもの力を信じて、見守るよう心がけましょう。

私もかつてこうした状況に陥ったとき、親が「じゃあ、話せるときになったら話してくれればいいから」という対応をしてくれたことが、とても嬉しくて、気持ちがラクになった記憶があります。

実際に後になって話してくれるかどうかは別としても、子どもがじっくりと自身と向き合える状況をつくることも大切かと思います。

親にできること

CASE3でも「親御さんは自分の時間をもつようにしましょう」とお伝えしましたが、子どものことが心配だったり、子どもと会話がないことが不安になったりなど、お子さんのことばかりで頭がいっぱいになってしまう状態のときは、特に親御さん自らの心のケアをすることが大事です。ぜひ、自分の趣味に打ち込んだり、気晴らしをしたりということを、積極的に行ってください。

カウンセリングの場でも、**「親が趣味を楽しむ時間をもったことで子どもへの過干渉がなくなったせいか、子どもがよく話してくれるようになった」**という話をたくさん聞いてきました。自分が好きなことをして過ごす時間をもつことで、今まで子どもにだけ向けられていた視界が開け、気持ちにゆとりが生まれるからでしょう。

スポーツなど体を動かすような趣味であれば、幸福感や意欲を生み出すドーパミンやセロトニンといったホルモンが分泌されるので、よりおすすめです。体を動かしているときはなかなかほかのことを考えられないので、ネガティブになりにくいというメリットもあります。

運動が苦手な方であれば、朝日を浴びながら10分ほどウォーキングするだけでもいいでしょう。幸福感が上がり、かなり気持ちがリフレッシュされると思います。

人と話すことも気分転換になるものですが、話す相手には気をつけたいですね。規範が強かったりネガティブなことを言いがちだったりという相手の場合、いらぬアドバイスや不安をあおるようなもの言いをされて、かえって不安が高まってしまう可能性もあるからです。

適当な相手が思いつかない場合は、心理カウンセラーに話を聞いてもらうこともおすすめです。治療の一環としてカウンセリングを行う病院・クリニックがあるほか、自治体の相談機関（保健所・保健福祉センター・教育相談所など）や、私設のカウンセリング機関（カウンセリンググルームや心理相談室といった名称のもの）などでも、カウンセリングを受けることができます。

今野先生のひと言

子どもが親とまったく話さないとなると、お子さんと仲の良い友達や、専門のカウンセラーに協力をお願いするのもひとつの方法ですが、何よりも大切なのは親御さんが「日々のどういった言動が子どもを否定しているように感じさせているのか？」と思い返すことだと思います

CASE 24

進学の判断など期日があるものについて話したいとき

ちょっと大事な話があるから、これだけは聞いてね
うん
もし公立の高校に行くつもりなら、あと○日しか休めないよ
それ以上休んでしまうと私立の高校に進むことになるのかなって思うの
どうするかを△日までに聞かせてほしいな
もし会話ができないようなら
手紙でもいいのできちんと伝えることが大切です
息子へ
元気ですか

この会話のポイント

ちょっと大事な話があるから、これだけは聞いてね

CASE18では、先々についての話し合いは大事だとお伝えしました。たとえ親子関係がこじれた状態であっても、それは変わりません。特に、期日までに何らかの判断が必要な事項についてては、普段の会話はないとしても必ず話さなければならないでしょう。

「**大事な話だから、これだけは**」というしっかりした態度で臨むことで、子どももしっかりと構えることと思います。

どうしても会話にならないというケースでは、手紙やメールでしっかり目に触れさせることも有効です。どちらにしても、本人に「大事な話である」ということを意識させることが必要です。

もし公立の高校に行くつもりなら、あと○日しか休めないよ

特に中学卒業を控えた子どもの場合、高校進学を考えるのであればもろもろの条件をクリアすることが必要ですよね。そのひとつが出席日数です（マンガでは公立高校としていますが、私立高校でも出席日数を重視する学校は少なくありません）。

まず、そうした現実があるということをストレートに伝えましょう。

同時に、**「それ以上休んだ場合は私立校になる」「それ以上休んだ場合は、受験条件をクリアできないので、あの高校には行けない」「通信制の学校に行くことになる」**など、その行動をした場合・しなかった場合の〝結果〟を併せて伝えることも大事かと思います。

どうするかを△日までに聞かせてほしいな

親への信頼がマイナスな状態で、自身の気持ちも安定していない子どもにとって、

こうした話題が愉快なはずはないでしょう。「今のこんな状態で、そんなこと言われても決められないよ！」「誰のせいでこうなってると思ってるの？」といった投げやりな言葉や親を責める言葉が返ってくるかもしれません。

でも、子どもや親子関係の状態がどうあれ、それとこれとは別の問題です。親子関係が回復するまで期日が延びるものでもありません。

であれば、親御さんとしては毅然とした態度を取る必要が出てきます。

「そうなんだね」「そう思うんだね」と、まずは子どもの気持ちを受け容れましょう。

その上で、**どんな状態であろうと期日は決まっていること、対応しない場合はその後にある〝結果〟を受け容れるしかないこと、そしてどうするかは子ども自身で決めるしかないことを、しっかり伝えることが大事なポイントです。**

親にできること

進学するには条件があり、その判断には期日がある。親子のコミュニケーションがある場合は、おそらく当たり前に交わされる会話でしょう。

ですが親子関係がこじれ、親が子どもを腫れ物のように扱うようになってしまった場合、どう切り出していいかわからない方が多いようです。「自分の育て方が悪かったせいで、子どもがこうなってしまった」という思いが強く、子どもと向き合っていく自信をなくしてしまっている、というケースも少なくありません。

実際に私も「進路の話をしていいものでしょうか？」という相談をよく親御さんから受けます。ケースにもよるので一概には言い切れませんが、その際は「逆に、話をしなければいけませんよね」と答える場合も多いです。

言わなければ時期に期限がきて、この先の選択肢がひとつなくなってしまいます。もちろん、選択肢はほかにもあるにせよ、ご家族としても苦しいですし、なにより子ども本人のためにもなりません。

進学するか否かは、子どもの人生の大きな岐路のひとつであることには間違いありません。だからこそ、常々「物事をいい・悪いで判断しないようにしましょう」とお伝えしている私でも**「この問題に関しては、いいも悪いもないんです。話をしてくだ**

さい」とお伝えする場合が多いです。

マンガの例のような状況をシュミレーションしてみたり、手紙を書くつもりであらかじめ伝えることを紙に書いたりすると、冷静に、そして落ち着いて伝えることができると思います。

大事な話をきっかけに、もう一度、新たな親子関係が築き直せるように、話をする際は親御さん自身も、自己受容と、お子さんからの精神的な自立と、今まで本書でお伝えしてきた声がけを、ぜひ意識してみてください。

今野先生のひと言

親御さんが「私のせいで」と自身を責めすぎる必要はありません。期日のあるものに関してはしっかりと伝えて、その後の判断はお子さんに任せましょう

おわりに

最後までお読みいただきありがとうございました。
あなたは今、どのようなお気持ちになられているでしょうか？

たとえ今は親子関係が苦しい状態であったとしてもやり直すことができますし、再度コミュニケーションが取れるようにもなれます。これはカウンセラーとして数多の事例を見てきた経験から確信をもって言えることです。

本書では不登校や引きこもりのお子さんへの「声がけ」をメインとした、親子関係の作り方、コミュニケーションの取り方についてお伝えしてきました。

なぜこのようなテーマでお伝えしたのかというと、「子どもとの関係を取り戻せず、悩んでます」「同じ家で暮らしているのに何年間も一切会話をしていません」「不登校の子どもへどんなふうに声をかけたら元気になってもらえるのでしょうか……」といったようなお声をこれまでたくさんいただいてきたからです。また、ネット上でもそういった悩みの声が溢れており、多くの親御さんがそこで悩み苦しんでいらっしゃることを感じたからです。

一方、私の元には、適切な方法を学んだ結果、「親子関係が修復できた」「関係が修復できたばかりか以前よりも良くなった」「子どもと本音で話ができる関係に変わった」「子どもとのコミュニケーション法を学んだことで親子関係だけでなく夫婦関係や職場での人間関係も円滑になった」そういったお声が届いています。

どうしてそのようになれるのでしょうか？　それは〝**適切な言葉を用いて適切な距離感とタイミングでコミュニケーションをとれるようになったから**〟です。相手が今どういう状態で、どんな言葉なら聞き入れられるのか、その感覚が身についた結果、親子関係ばかりでなくあらゆる人間関係も良くなっていく、といった副産物を得る方もいらっしゃいました。

もうひとつ、私の元に来る親御さんはみなさん、**〝主体的なコミュニケーションをとるようになるから〟**です。解決方法を模索し、実践し、うまくいかないときは自分なりにやり方を変え、また実践する、というように、メソッドやカウンセラー任せにするのではなく、自分自身で考えて、行動をしています。

ここであなたに質問します。あなたは多くの人の前で話をするときに「大勢に見られている」と感じますか？　それとも「自分が大勢を見ている」と感じるでしょうか？

イメージしてみてください。

「大勢に見られている」と感じた場合は受動的な感覚が強く、「自分が大勢を見ている」と感じる場合は、主体的な感覚が強い、ということです。状況はまったく同じなのですが、感じ方・見え方は真逆です。

「受動的」とは、自分の意志からでなく外部から動かされてする在り方のことであり、「主体的」とは自分の意志・判断に基づいて行動する在り方のことです。

前者の「受動的」は、他人軸であり、「自分」ではなく「人」が考え方・物の見方の主軸になっています。それに対して、後者の「主体的」は自分軸であり、「自分」が考え方・物の見方の主軸になっています。

他者から見られているのか？　それとも、自分が他者を見ているか？　という感じ方や物の見方で、その人が主体的なのか受動的なのか、自分軸で生きているかそれとも他人軸で生きているのかがわかります。人にやらされているのか？　それとも、自分でやっているか？　状況は一緒なのに、心構えが真逆なのです。

そして本書でお伝えしてきた声がけを実践し、現実へ反映させ、適切な言葉を用いて適切な距離感とタイミングでコミュニケーションをとれるようになっていくには、**自分の意志・判断に基づいて行動する「主体的」な心構えがあると大変有効です。**

つまりただ「この本に書いてあったからやってみよう」というような気持ちではなく、本書で学んだことを「自分の意思で実践する」という選択と気持ちが大切だということです。

もしあなたがこれまでなかなかお子さんとコミュニケーションがとれなかった・うまくいかない、といった場合には、本質的で有効な声がけの仕方を知らなかったり、お子さんに対しても受動的に考えてしまっていた側面が強かったのかもしれません。しかし本書で、本質的で有効な「声がけをするときの心構え」や「コミュニケーションの方法」を学ばれました。

あとは、主体性を意識して実践するだけです。

もし今は、親子関係がギクシャクしていたとしても、本書の内容を主体的に実践すれば、きっと関係を取り戻していくことも、今まで以上に良好な関係になることもできるでしょう。

私は約20年前に一冊の本との出会いから大きく人生が変わり、カウンセラーとして独立起業する決断をしました。だからこそ、今、あなたと出会うことができています。そして本書も、読者の方々の人生を良き方向へ変えられる一冊となりますよう、願いを込めて書き上げました。

本書をきっかけに親子関係のコミュニケーションをやり直し、より良いものとするためのきっかけになれましたら、それほど嬉しいことはございません。

最後に、本書を出版するにあたって尽力をしてくださった方々、これまで関わらせていただいたクライアントのみなさま、そしてここまで読んでくださったあなたへ、心から感謝申し上げます。

２０２５年1月　今野陽悦

今野陽悦（こんの・ようえつ）

不登校・引きこもり専門カウンセラー。

10代の頃に不登校や引きこもりを経験し、どうにかして現状を変えたいとカウンセリングを受講しながら、自身もカウンセリングや心理学を学ぶ。そこでさまざまな手法と出会い、多くの人の愛と助けで徐々に心の葛藤から解放される。

引きこもり時代の自分と同じように悩んでいる人の力になりたいと、自身の経験を通じて、20歳の頃から不登校・引きこもりなど子どもの問題を専門としたカウンセラーとして活動を開始。子どもの気持ちに寄り添い、一緒に解決していくカウンセリングスタイルが話題となり、のべ2万件を超えるカウンセリングを行う。

カウンセリング活動のかたわら、無料メールマガジン「不登校・引きこもりのお子さんを持つ親御さんのための親子関係講座」（購読数約7万人）を発行し、不登校・引きこもりの改善に向けての情報発信にも力を入れている。

メールマガジン
https://kaiketsu.pro/hutouko/

学校《がっこう》に行《い》けない子《こ》どもに伝《つた》わる声《こえ》がけ

2025年1月5日　第1版　第1刷発行

著　者　今野陽悦

発行所　株式会社 WAVE 出版
〒136-0082　東京都江東区新木場1丁目18-11
E-mail: info@wave-publishers.co.jp
https://www.wave-publishers.co.jp

印刷・製本　中央精版印刷株式会社

©Youetsu Konno 2025 Printed in Japan
落丁・乱丁本は送料小社負担にてお取り替え致します。
本書の無断複写・複製・転載を禁じます。
NDC370　231p　19cm　ISBN978-4-86621-505-1